南朝氣韻

六朝
石刻碑帖
讲演录

程章灿／张学锋／童岭 解说

南京大学博物馆 编著

凤凰出版社

图书在版编目（CIP）数据

南朝气韵 : 六朝石刻碑帖讲演录 / 南京大学博物馆编著 ; 程章灿, 张学锋, 童岭解说. -- 南京 : 凤凰出版社, 2022.3（2023.7重印）
ISBN 978-7-5506-3506-7

Ⅰ. ①南… Ⅱ. ①南… ②程… ③张… ④童… Ⅲ. ①石刻－拓片－中国－六朝时代 Ⅳ. ①K877.42

中国版本图书馆CIP数据核字(2021)第202861号

书　　名	南朝气韵:六朝石刻碑帖讲演录
编 著 者	南京大学博物馆
解　　说	程章灿　张学锋　童　岭
责任编辑	张永堃
装帧设计	陈贵子
责任监制	程明娇
出版发行	凤凰出版社(原江苏古籍出版社) 发行部电话025-83223462
出版社地址	江苏省南京市中央路165号,邮编:210009
照　　排	南京凯建文化发展有限公司
印　　刷	南京凯德印刷有限公司 江苏省南京市江宁滨江开发区宝象路16号, 邮编:210001
开　　本	787毫米×1092毫米　1/16
印　　张	16
字　　数	184千字
版　　次	2022年3月第1版
印　　次	2023年7月第2次印刷
标准书号	ISBN 978-7-5506-3506-7
定　　价	128.00元 (本书凡印装错误可向承印厂调换,电话:025-52603752)

本书由南京大学文科“双一流”建设专项经费资助出版

图录编纂委员会

主　　编：史　梅

学术支持：程章灿　张学锋　童　岭

编务统筹：魏美强

展品文字：李　文　魏美强　聂　娜　周　帅

讲座整理：张雪萌　朱智立　李　晔　陈　秋

序　言

公元三至六世纪，孙吴、东晋、宋、齐、梁、陈相继在南京建都，史称“六朝”。“江南佳丽地，金陵帝王州”，南京最令人神往的莫过于这场六朝旧事，台城杨柳、青溪故道、乌衣巷口、王谢风流……六朝时期中国虽然分裂动荡，但是思想极为活跃，这一时期儒学、玄学、佛教、道教高度繁荣，文学、书法、绘画、雕塑名家辈出，无疑奠定了六朝文化继汉开唐的重要历史地位。然而，伴随着隋军平陈后的“平荡耕垦”，六朝建康城瞬间沦为丘墟。时至今日，六朝遗迹几乎毁弃殆尽，惟有陵墓、石兽、墓阙、碑碣供人凭吊。

作为六朝的京畿，南京及其周边地区如今散落分布着34处南朝陵墓神道石刻，其中南京22处、句容1处、丹阳11处。这些石刻形制硕大、雕刻精湛，往往对称列置于神道两侧，通常分为三种六件，由外向内依次为石兽、石柱、石碑各一对。

此次展览遴选的拓片是南京及其周边地区陵墓石刻中仍存文字的拓片，包括碑额、碑文、碑侧及柱额等，多是晚清、民国以来的旧拓，其文物价值不言而喻。具体来说，则主要涉及萧梁一支中8人的陵墓石刻，如萧顺之建陵神道柱额，萧憺墓神道碑及碑额，萧秀墓神道碑、碑额及神道柱额等。此外，还有江苏地区现存最早碑刻汉校官碑、孙吴碑刻天发神谶碑，及传为南朝陶弘景所书摩崖石刻《瘗鹤铭》等重要碑刻的拓片。

南朝石刻无疑是南京城厚重历史的注脚与符号，它是全人类独一无二的文化遗产，而这些拓片则见证了南京大学百年办学的历史征程，体现了南大人对民族文化的坚守与传承。借助此次展览，我们希望继续传播优秀传统文化，为增强中华民族的文化自觉和文化自信，做出南大人应有的贡献！

南京大学博物馆

目　录

展品图录

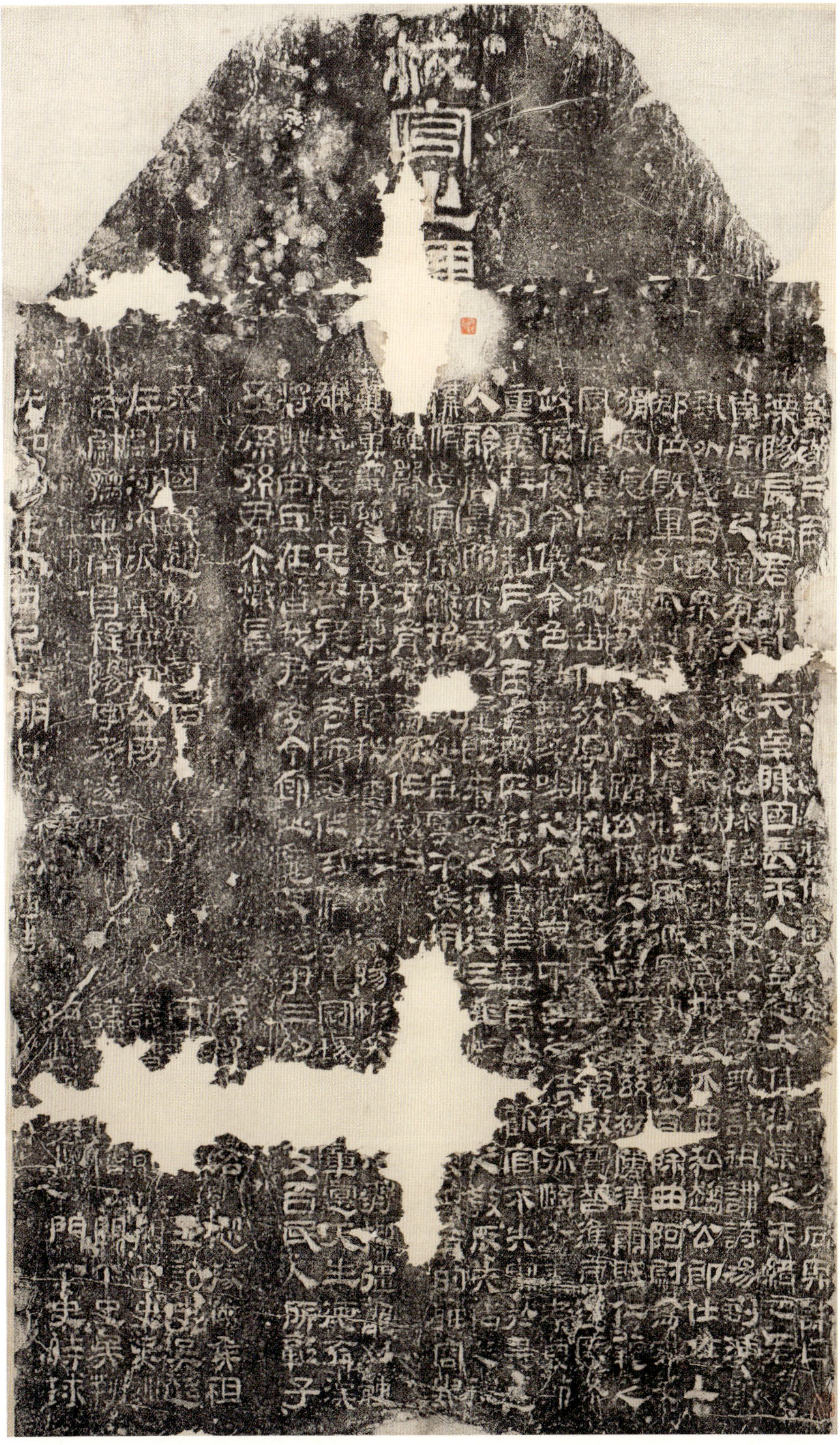

· 汉校官碑

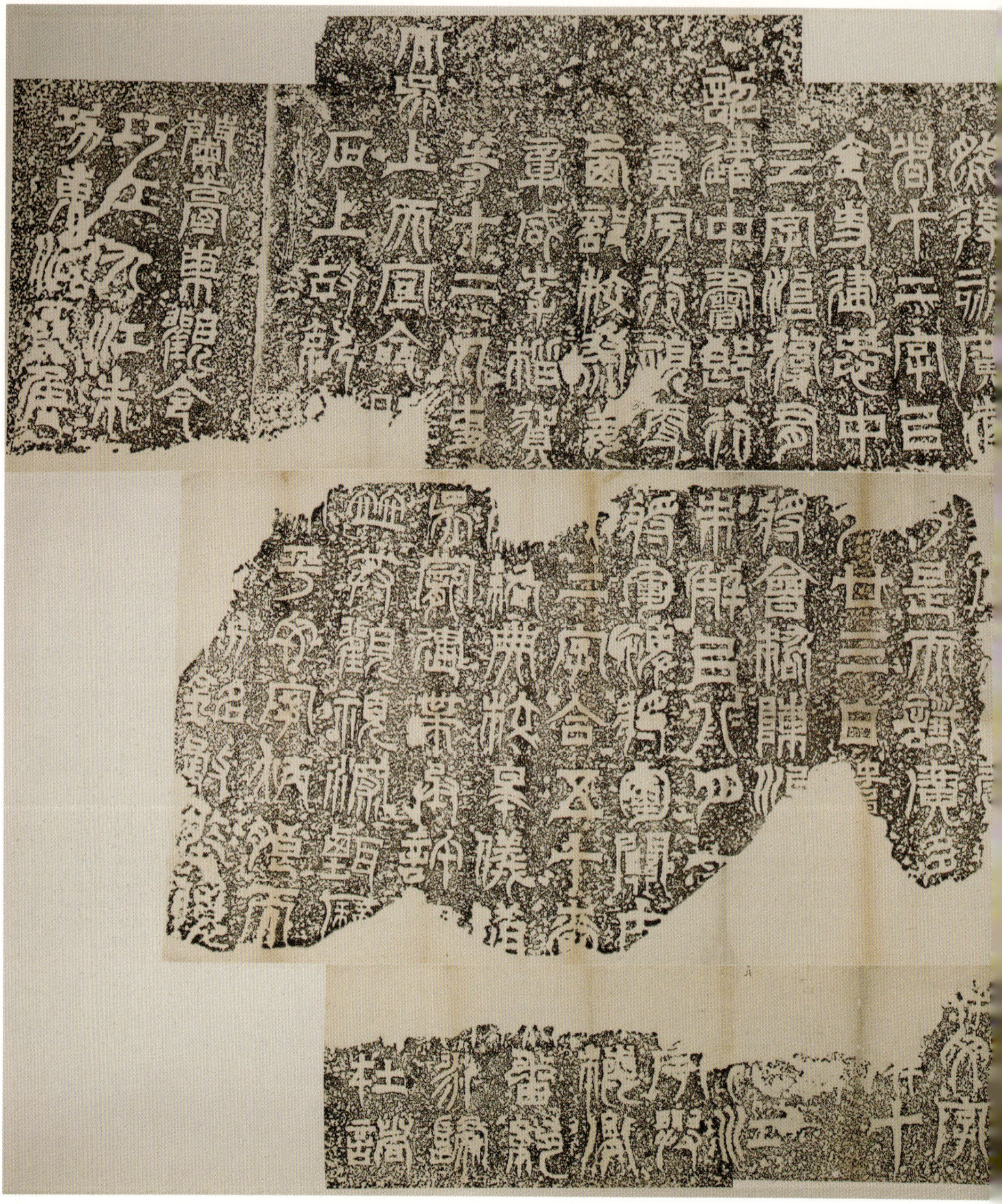

· 吴天发神谶碑（附胡宗师跋及端方题记）

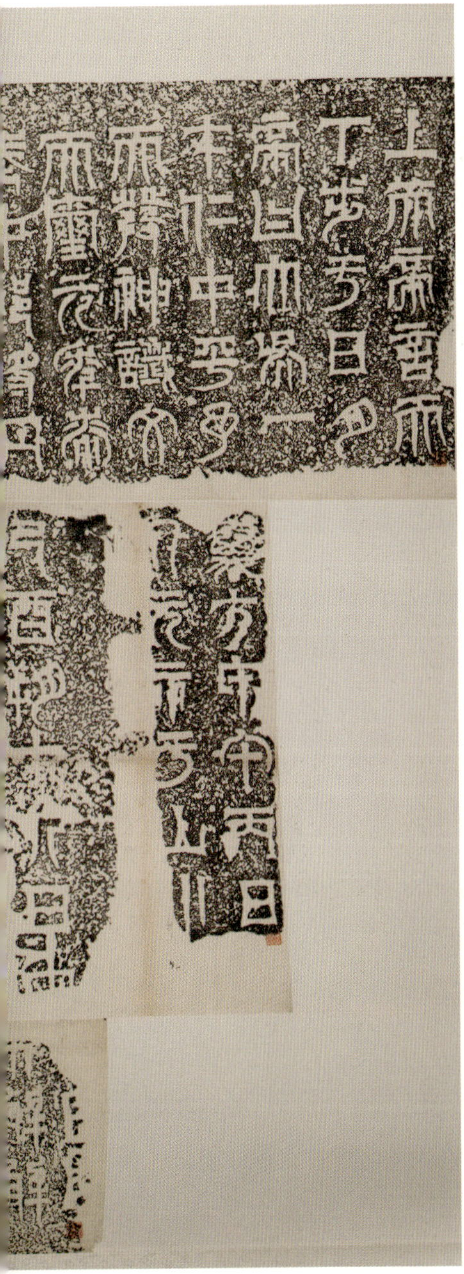

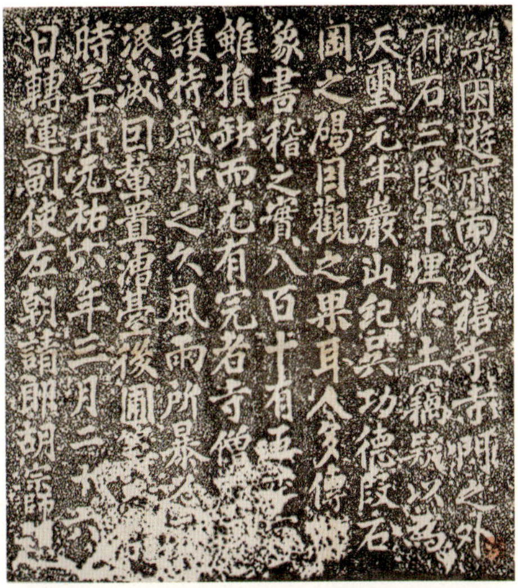
予因過府南天禧寺寺門之外
有石三段半埋於土竊疑以為
天璽元年巖山紀吳功德段石
國之碣目觀之果耳今人多傳
篆書稽之實八百十有五
雖損缺而尚有完者寺僧
護持歲月之久風雨所暴今
泯滅因輦置漕臺後圃
時辛未元祐六年二月二十
日轉運副使左朝請郎胡宗師

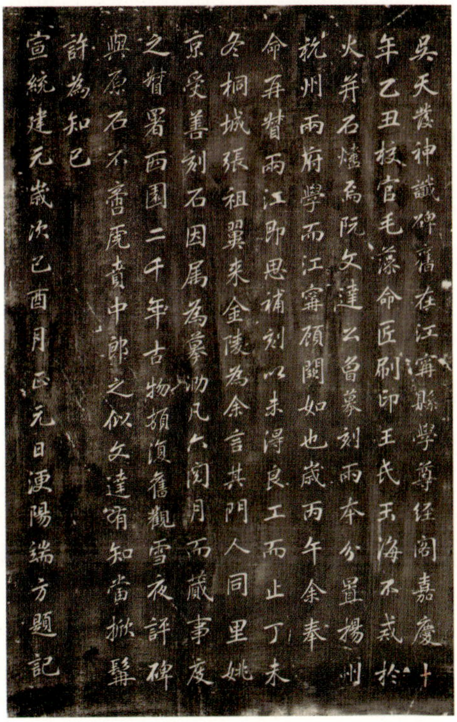
吳天發神讖碑舊在江寧縣學尊經閣嘉慶十
年乙丑校官毛藻命匠刷印王氏玉海不戒於
火并石燼焉阮文達公曾摹刻兩本分置揚州
杭州兩府學而江寧頗闕如也歲丙午余奉
命再督兩江即思補刻以未得良工而止丁未
冬桐城張祖翼來金陵為余言其門人同里姚
京受善刻石因屬為摹泐凡六閱月而蕆事庋
之督署西園二千年古物頓復舊觀雪夜評碑
與原石不啻虎賁中郎之似文達有知當掀髯
許為知己
宣統建元歲次己酉月正元日浭陽端方題記

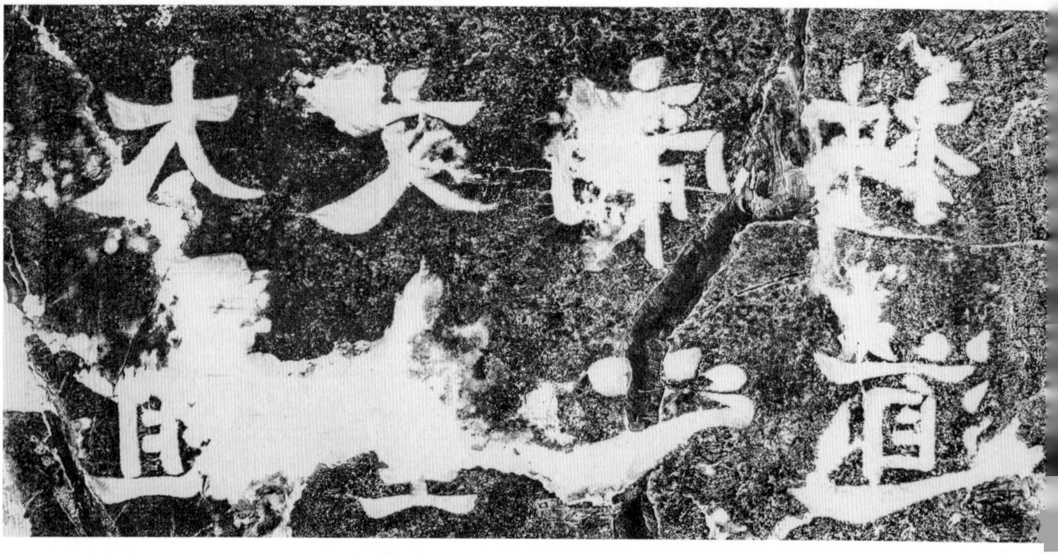

· 梁文帝萧顺之建陵神道北柱额
· 梁文帝萧顺之建陵神道南柱额

· 梁始兴忠武王萧憺墓神道碑

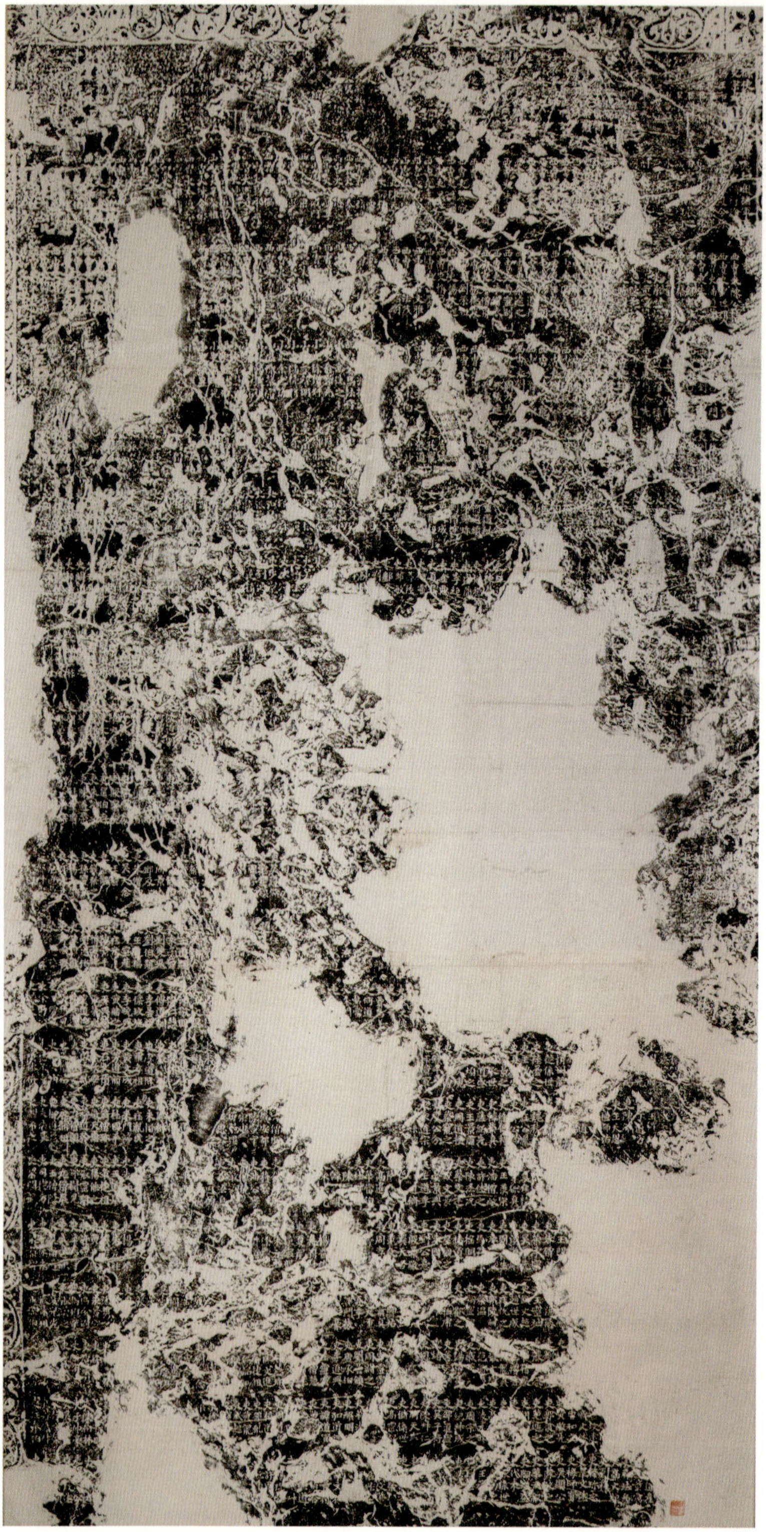

· 梁安成康王萧秀墓神道西碑阴

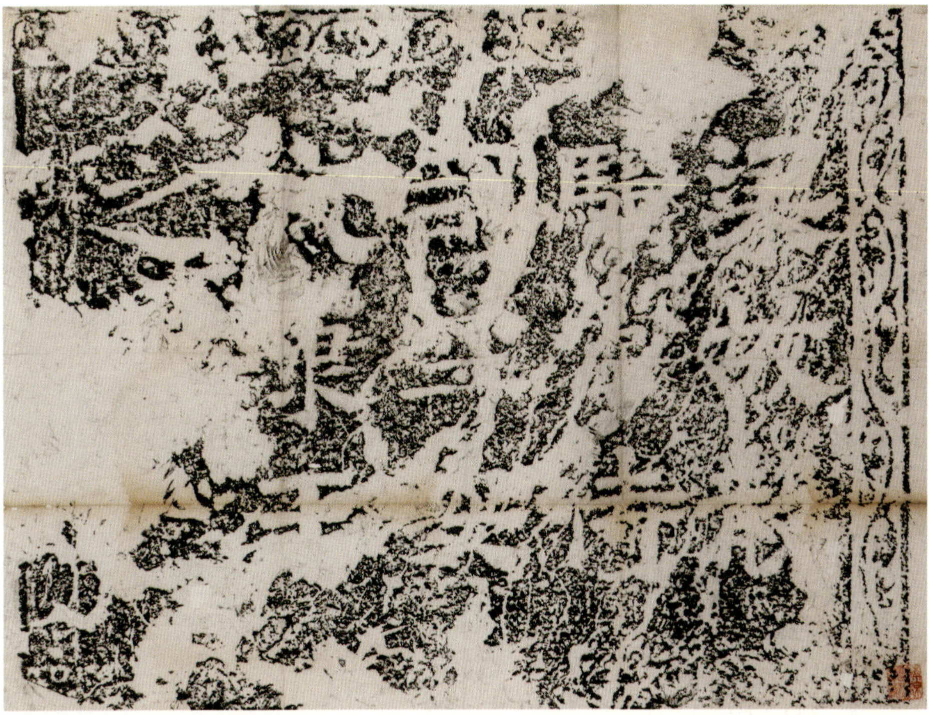

· 梁安成康王萧秀墓神道西碑额

· 梁安成康王萧秀墓神道西柱额

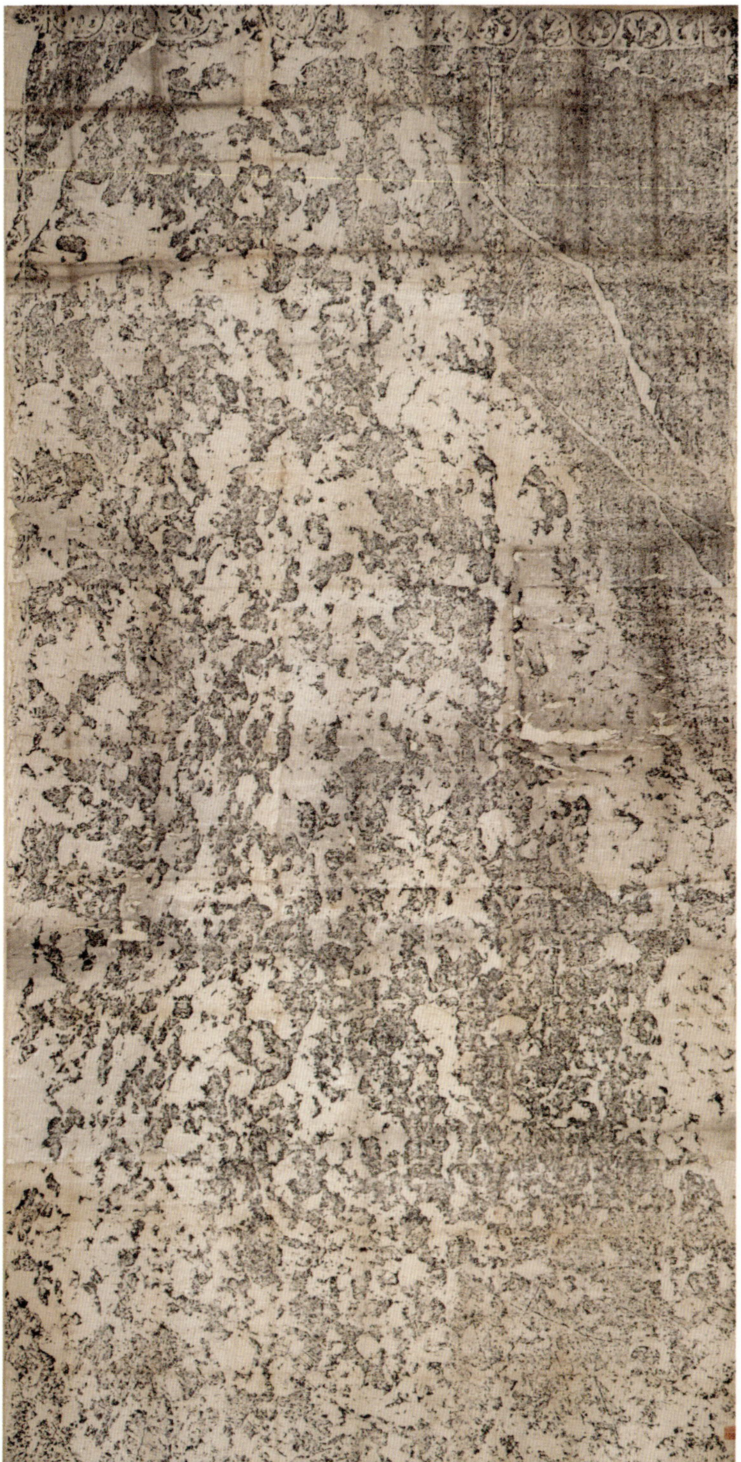

· 梁安成康王萧秀墓神道东碑阳

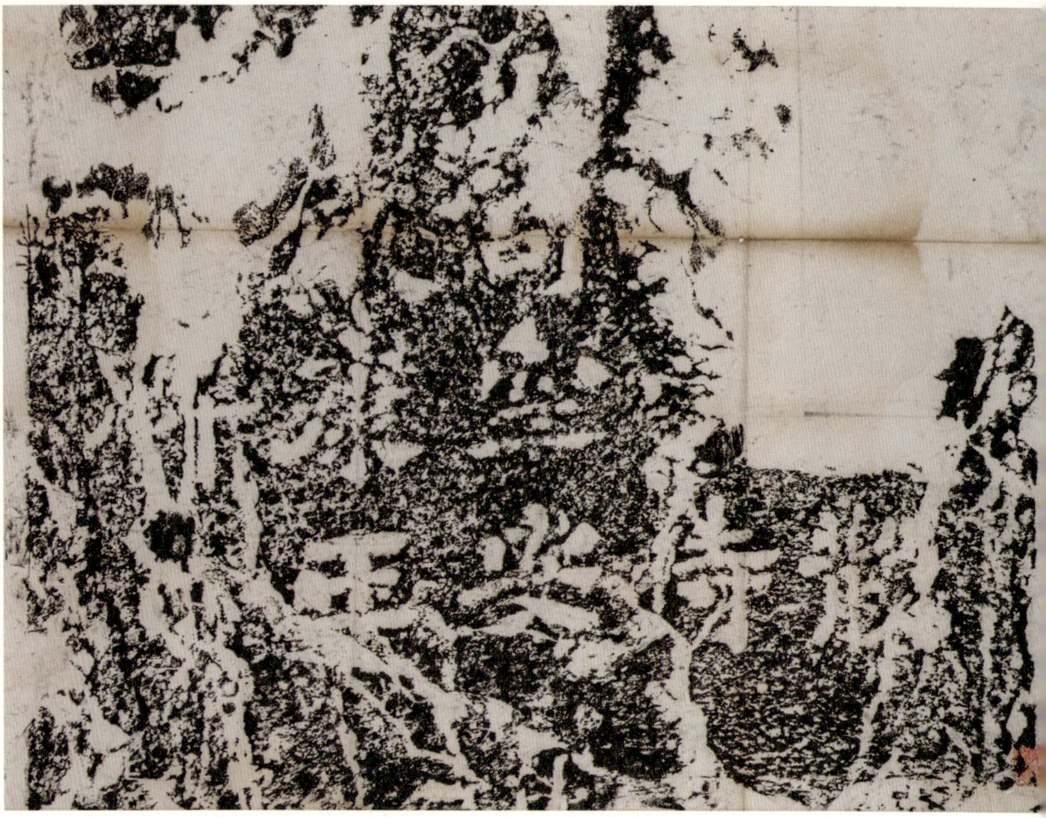

· 梁安成康王萧秀墓神道东碑额

· 梁吴平忠侯萧景墓神道西柱额

· 梁南康简王萧绩墓神道西柱额

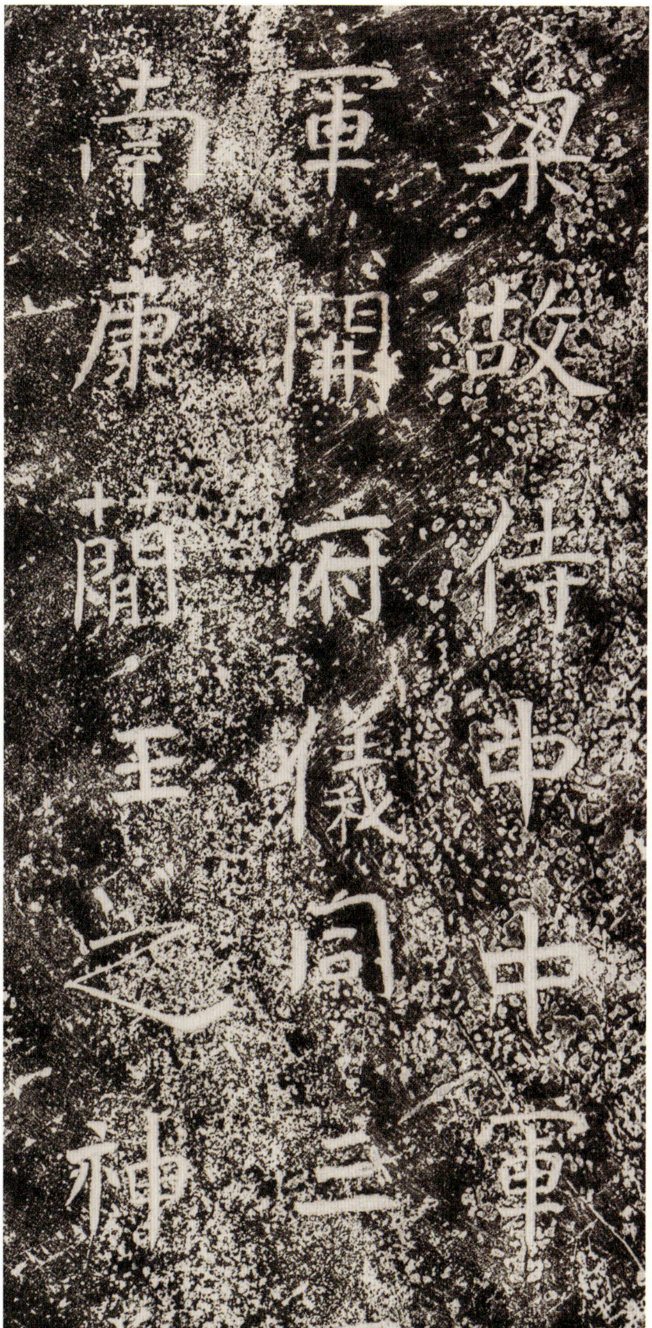

· 梁南康简王萧绩墓神道东柱额

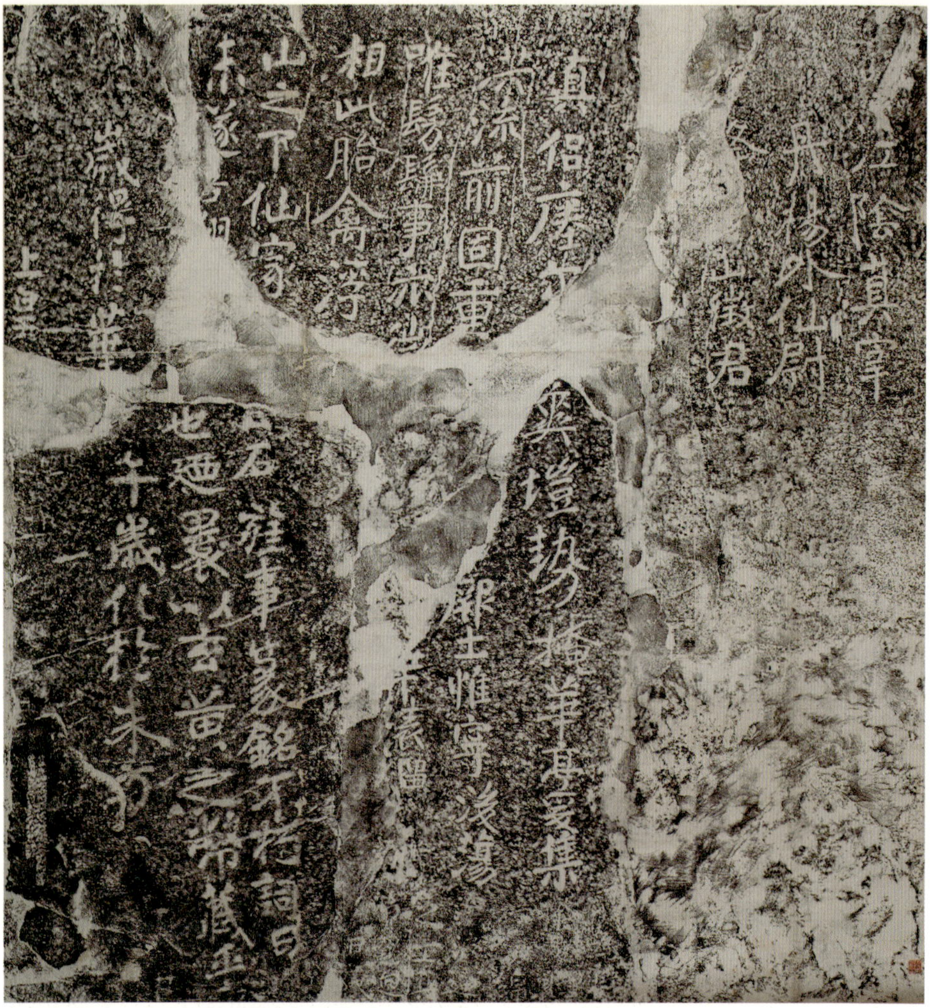

·《瘗鹤铭》

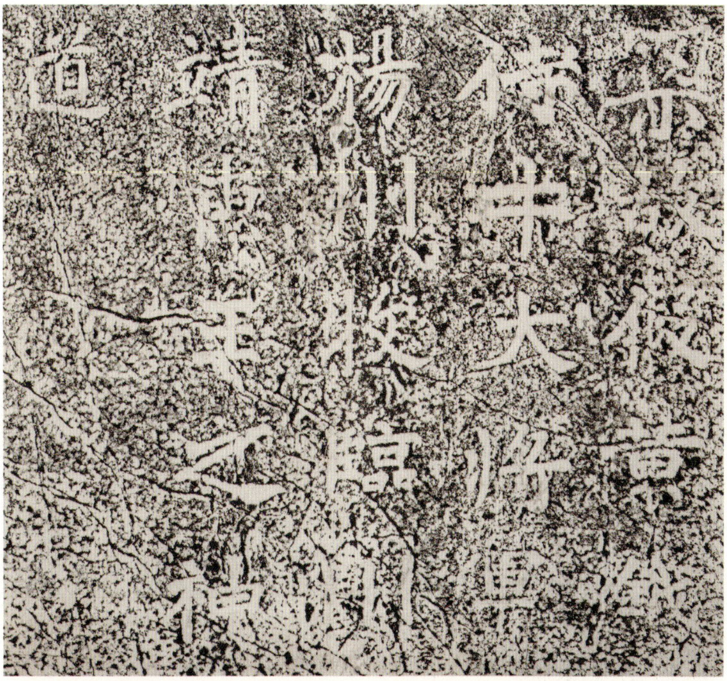

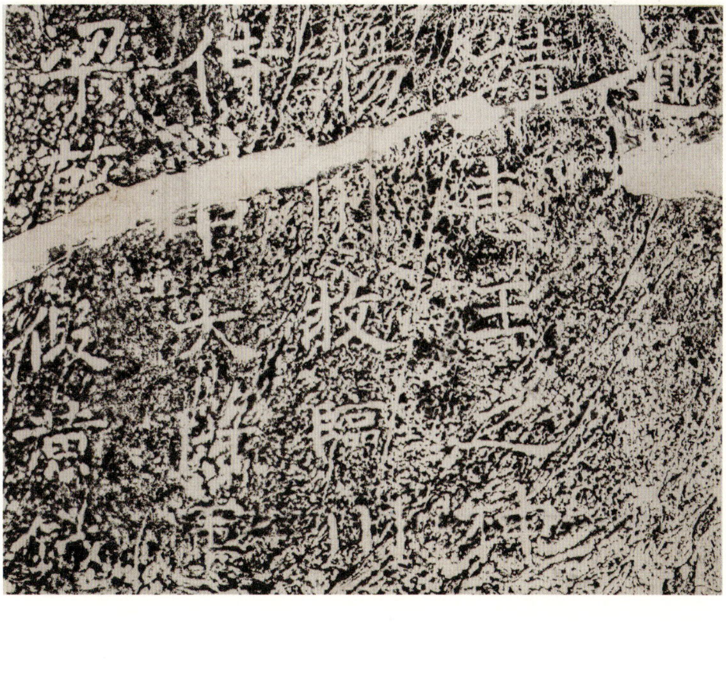

· 梁临川靖惠王萧宏墓神道西柱额

· 梁临川靖惠王萧宏墓神道东柱额

· 梁临川靖惠王萧宏墓神道西碑侧画像

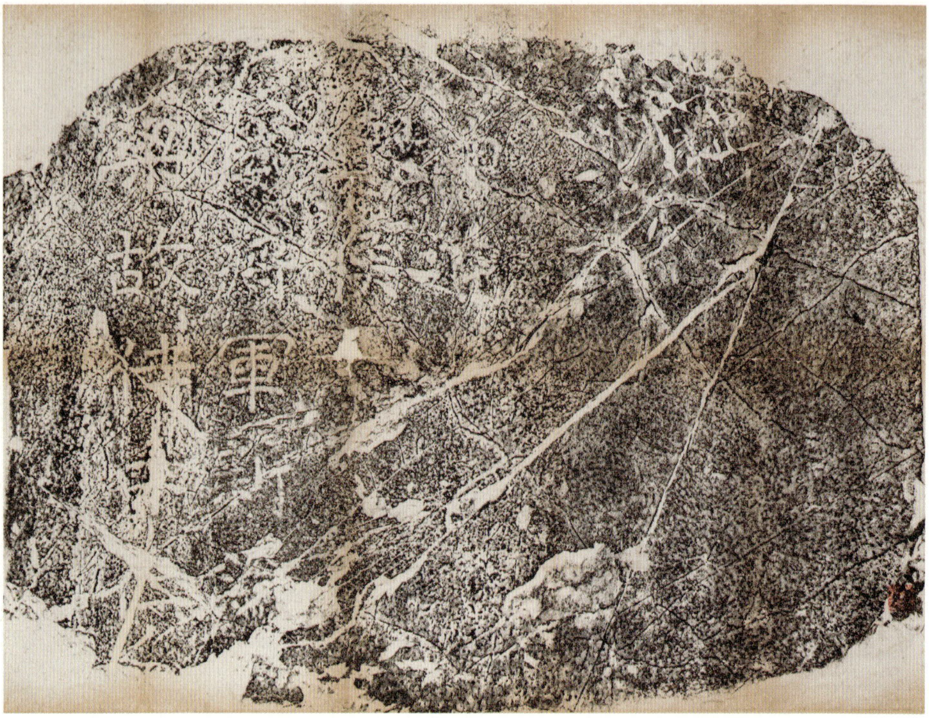

· 梁新渝宽侯萧暎墓神道西柱额

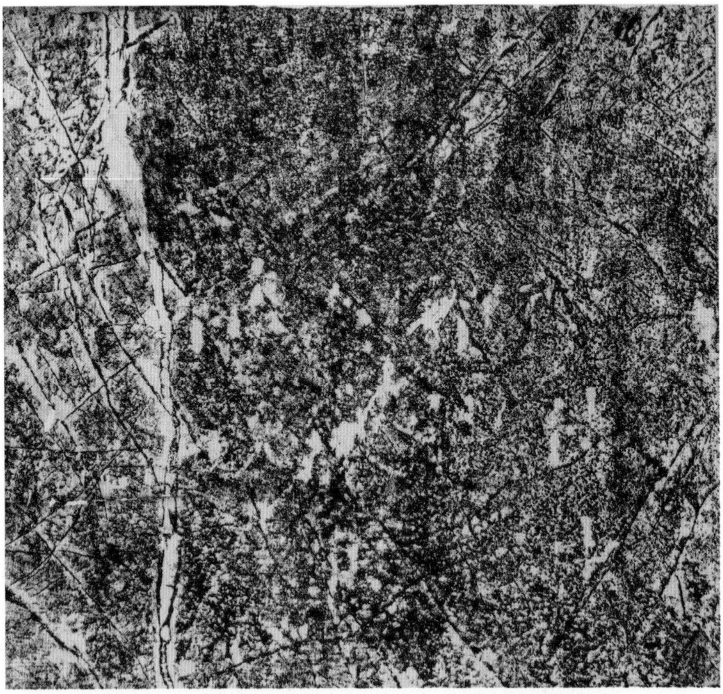

· 梁建安敏侯萧正立墓神道南柱额
· 梁建安敏侯萧正立墓神道北柱额

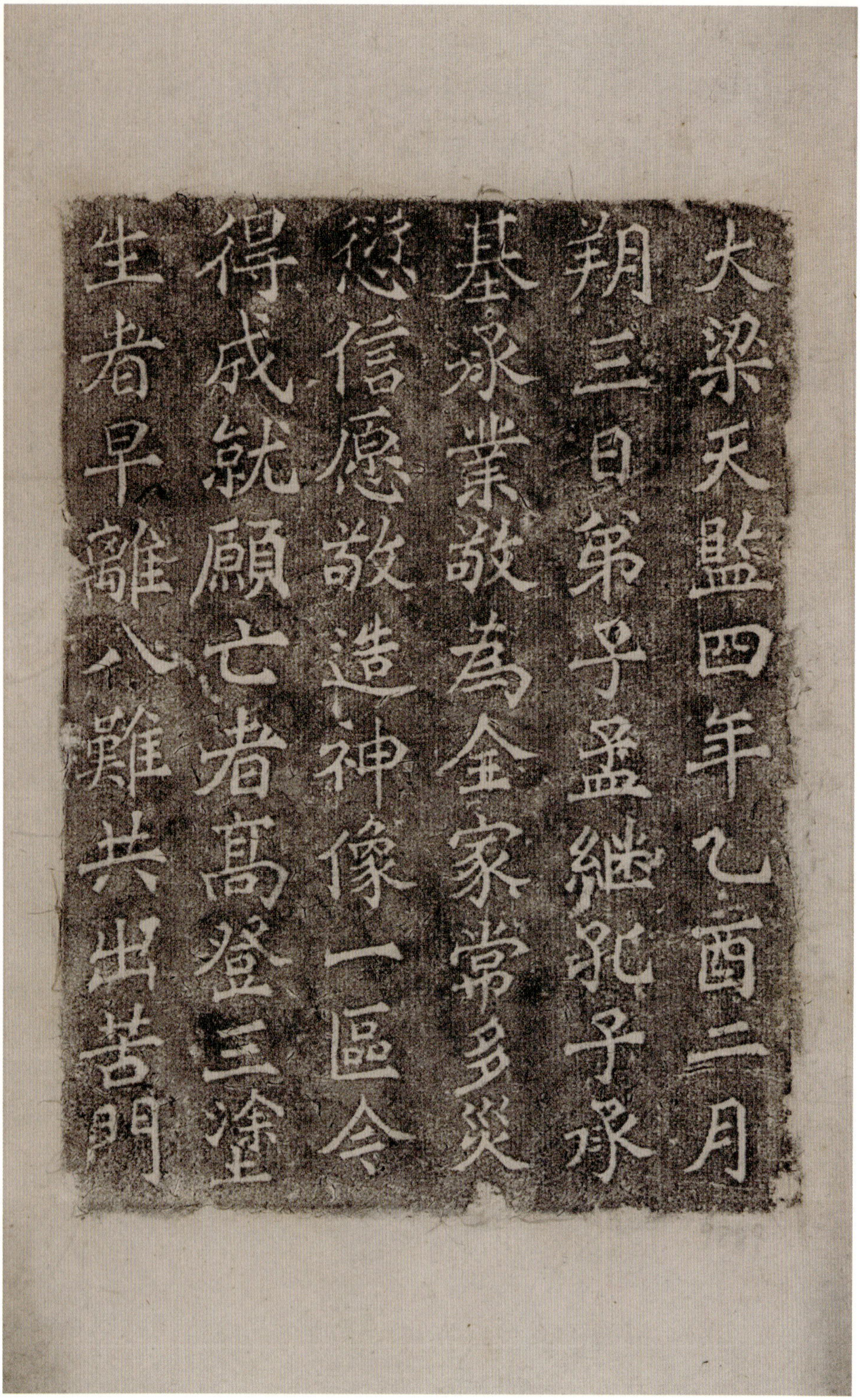

· "梁天监四年"纪年孟继孔造像记

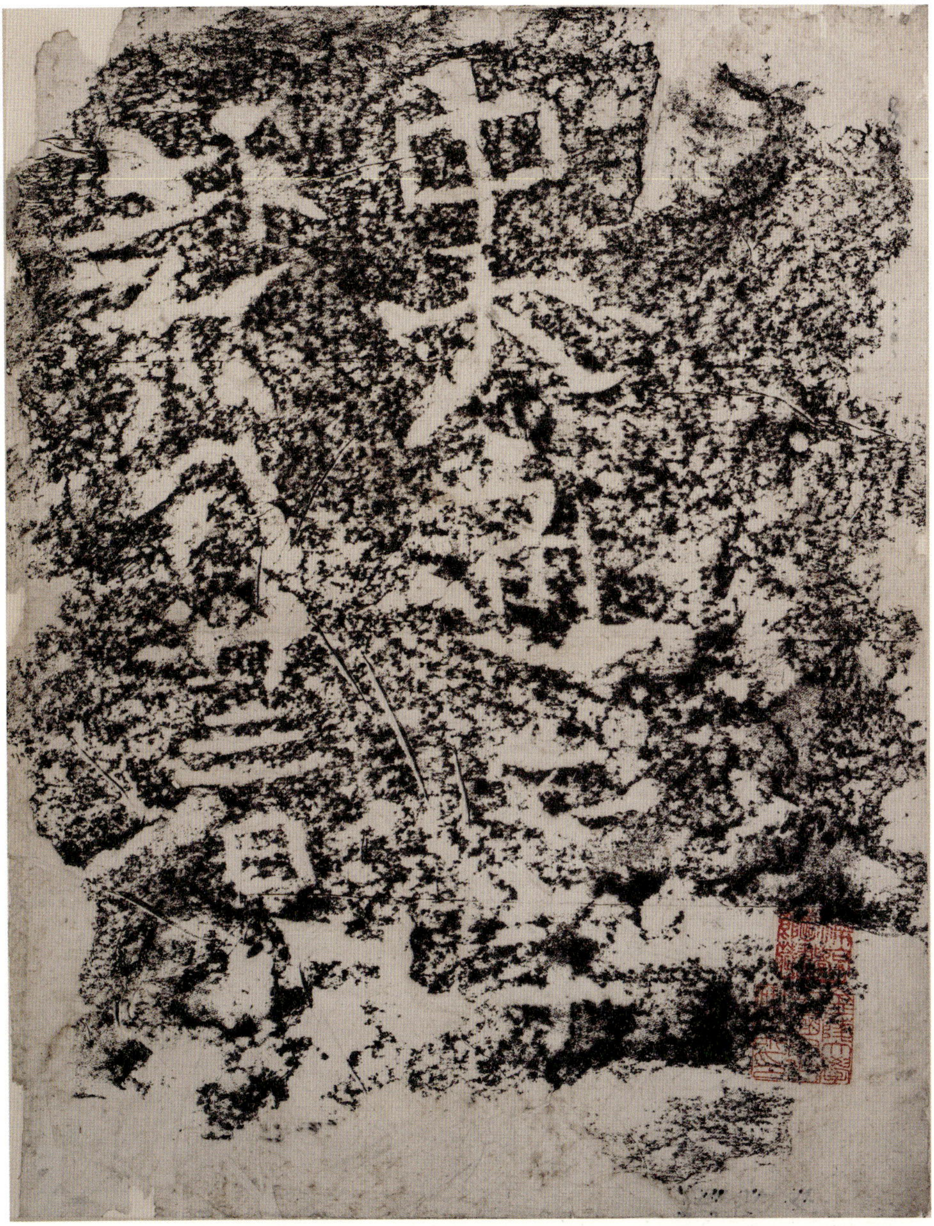

·“梁中大通二年”千佛崖题名石刻

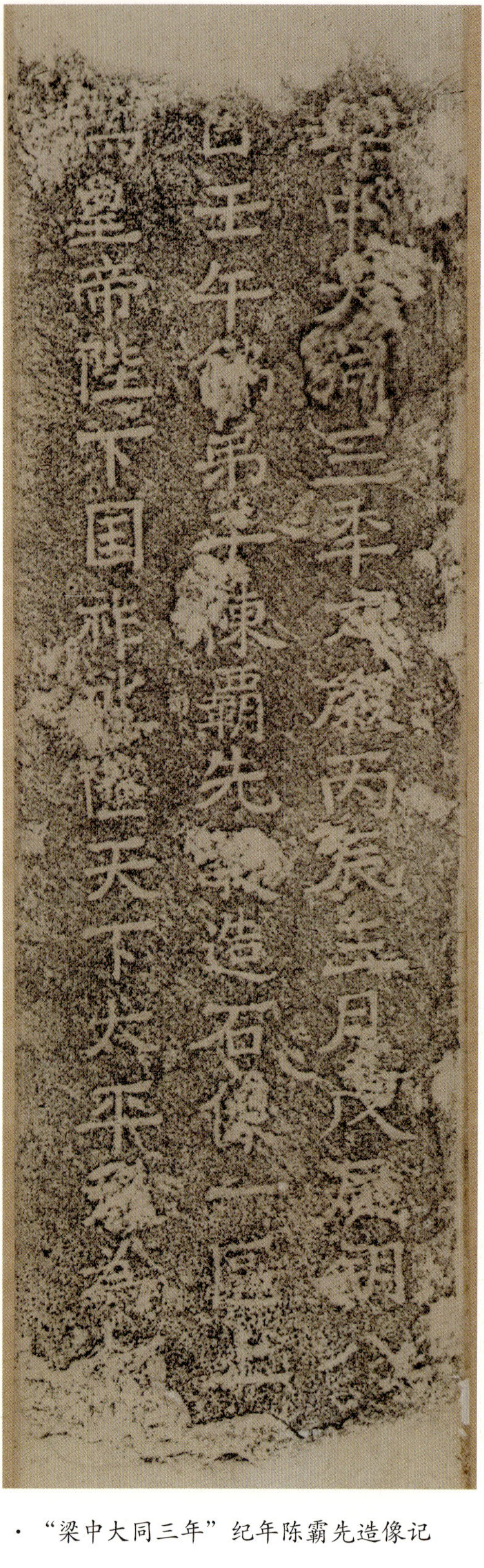

· “梁中大同三年”纪年陈霸先造像记

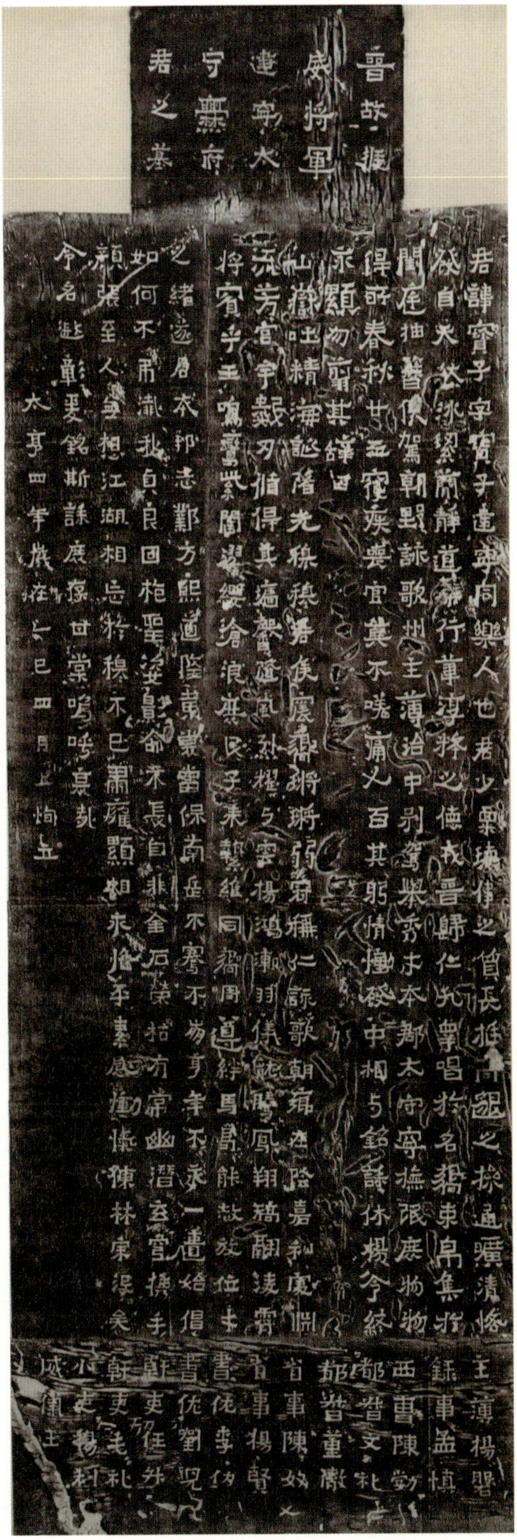

·爨宝子碑

· 爨龙颜碑

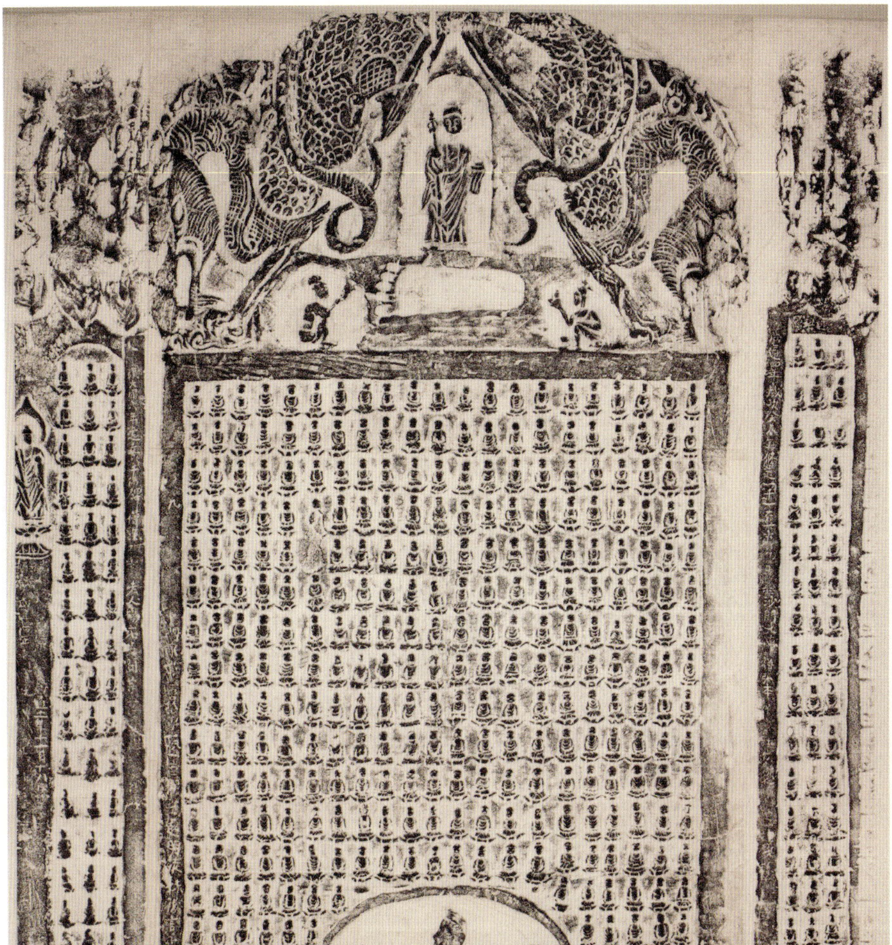

· “梁大同六年”纪年千佛碑

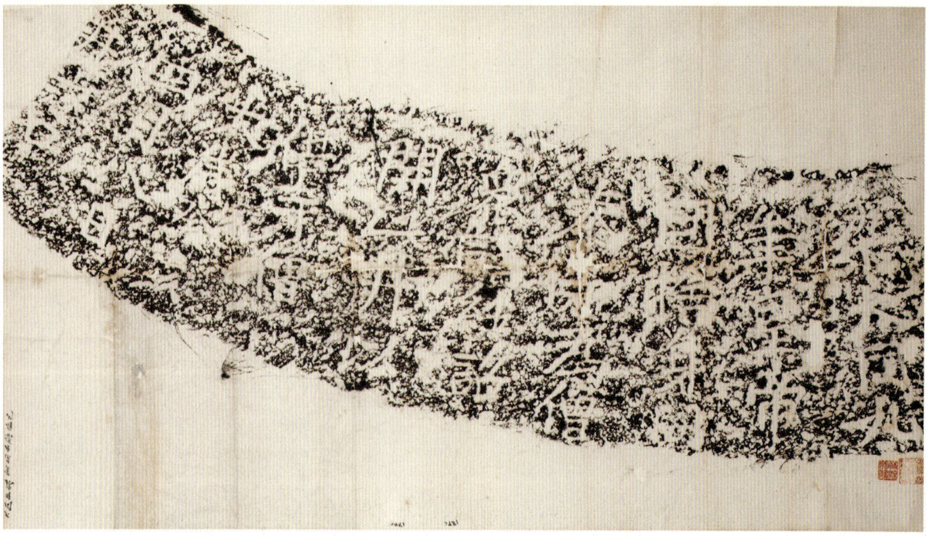

· 笆斗山徐家村梁代墓砖

· “梁大同九年”纪年井栏

·明征君碑

· 明征君碑碑阴

展品介绍

汉校官碑

吴天发神谶碑

梁文帝萧顺之建陵神道石刻

梁始兴忠武王萧憺墓神道石刻

梁安成康王萧秀墓神道石刻

梁吴平忠侯萧景墓神道石刻

梁南康简王萧绩墓神道石刻

《瘗鹤铭》摩崖石刻

梁临川靖惠王萧宏墓神道石刻

梁新渝宽侯萧暎墓神道石刻

梁建安敏侯萧正立墓神道石刻

“梁天监四年”纪年孟继孔造像记

“梁中大通二年”千佛崖题名石刻

“梁中大同三年”纪年陈霸先造像记

晋故振威将军建宁太守爨府君墓碑

宋故龙骧将军护镇蛮校尉宁州刺史邛都县侯爨使君碑

“梁大同六年”纪年千佛碑

笆斗山徐家村梁代墓砖

“梁大同九年”纪年井栏

唐摄山栖霞寺明征君碑

展品介绍

汉校官碑

校官碑全称汉溧阳长潘乾校官碑，东汉灵帝光和四年（181）刻，碑呈圭形，高148厘米，宽76厘米，厚22.5厘米。上部有穿，穿径12厘米。碑额竖书“校官之碑”一行四字。碑文正文16行，行27字，共398字。另有题名、年月共95字，总共493字。文额皆隶书。

校官碑最早见于南宋洪适《隶释》一书的著录，碑文内容主要是歌颂汉溧阳长潘乾（字元卓）为地方办学的功绩。潘乾卒后，县丞赵勋及左右尉董并、程阳等为之树碑颂德。该碑文字多漫漶难识，元至顺四年（1333），溧水县文学掾单禧刻有释文碑，记录了校官碑的发现经过及释文情况。

校官碑是江苏地区发现的最早碑刻，也是江苏发现的唯一一块汉碑，它是汉隶成熟期的重要碑刻，字体方严古厚，多用圆笔，布局茂密，气势沉雄而汪洋恣肆。该碑现与释文碑俱藏于南京博物院。

吴天发神谶碑

天发神谶碑内容是记孙吴末帝孙皓功德，原是为制造“天命永归大吴”的舆论，伪称天降神谶而刻，因刻于三国吴天玺元年（276），故又名天玺纪功碑。宋代以前，碑石已断裂为三段，故又俗称三段碑。原石位于江宁天禧寺门外，后几经迁徙，置于上元江宁两县学宫（今夫子庙）尊经阁。清嘉庆十年（1805）三月，原石毁于大火，现仅有拓本传世。

此碑书法非篆非隶，笔势雄伟劲健，下笔多呈方棱，收笔多作尖形。结体上紧下松，字形修长，被康有为誉为“篆隶之极”。该碑在书法史上地位极其特殊，是研究东吴石刻文字的重要资料。碑最早见于北宋黄伯思《东观余论》及《法帖刊误》两书著录。据故宫博物院所藏宋拓本，此碑上段21行，行5字；中段17行，行7字；下段10行，行1—3字不等。原石上段有宋元祐六年（1091）胡宗师跋，宋崇宁元年（1102）石豫刻跋，明嘉靖四十三年（1564）耿定向跋，清代翁方纲又在石下段刻“北平翁方纲来观”七字。

此次所展天发神谶碑拓片，为清光绪三十四年（1908）两江总督端方命桐城知县姚景绶覆刻的碑石。因底本是端方自藏明拓本，只有胡宗师跋及端方覆刻题记，无石、耿两跋。此石现藏于南京总统府，已被嵌入煦园龙墙之内。

梁文帝萧顺之建陵神道石刻

萧顺之，字文纬，南朝宋御史萧道赐之子，齐高帝萧道成族弟。天监元年（502），其子萧衍建立南朝梁，追尊其为文皇帝，庙号太祖。

萧顺之建陵位于丹阳三城巷。墓向朝东，地面已平。陵前石刻现存8件（石麒麟2、石柱2、石础2、石龟趺2），为丹阳萧梁帝陵区帝陵石刻中保存最为完整的一组。此次所展即南北柱额拓片，其中南柱额文字反书逆读，北柱额文字正书顺读，文曰“太祖文皇帝之神道”。

梁始兴忠武王萧憺墓神道石刻

萧憺（478—522），字僧达，南朝梁宗室、大臣，梁太祖萧顺之第十一子，梁武帝萧衍之异母弟。

萧憺墓位于南京市栖霞区甘家巷石刻公园。墓前神道现存石刻5件（石辟邪2、石碑1、石龟趺2）。石辟邪东西相对，东辟邪相对完整，西辟邪仅存后胯，与东辟邪相距16.5米。东辟邪腹下，有两只小石辟邪。现西碑仅存龟趺，高1.16米、宽1.6米。东碑保存完好，分碑首、碑身、龟趺三部分，通高5.61米。碑首浮雕蟠螭，额下有圆形穿孔，额题“梁故侍中司徒骠骑将军始兴忠武王之碑”。碑身高4.45米、宽1.6米、厚0.32米，碑侧分8格，刻鸟兽纹饰。碑文略有剥蚀，存字多达2800余字，东海徐勉撰，吴兴贝义渊书，为六朝陵墓碑刻中存字最多、最完整的一块。萧憺墓神道东碑，最早见于南宋陈思《宝刻丛编》一书引《复斋碑录》的记载。此后，《景定建康志》《至大金陵新志》《平津读碑记》《寰宇访碑录》《金石萃编》《江宁金石记》等均有著录。该碑现已建亭保护，此次所展为清末民初拓片。

梁安成康王萧秀墓神道石刻

萧秀（475—518），字彦达，南梁宗室，梁太祖萧顺之第七子，梁武帝萧衍之异母弟。

萧秀墓位于南京市栖霞区甘家巷小学内。墓前石刻现存8件（石辟邪2、石龟趺2、石柱2、石碑2）。萧秀墓神道石刻较一般陵墓多一对石碑，自南往北依次为：

第一对为辟邪。东辟邪长3.58米、宽1.55米、高2.94米，较完整；西辟邪长3.28米、宽1.55米、高3米、座高0.1米，臀、背部微残。两辟邪均为雄兽，无角，体形壮硕，昂首吐舌，颈粗短，头有鬣，翼作三翎，顶及脊有凹道，通体长毛卷曲，足趾五爪。

第二对为石碑，现仅存龟趺2，残碑1。东龟趺高1.02米、长3.54米、宽1.43米；西龟趺高1米、长2.7米、宽1.49米。残碑倒埋地下，残约四分之一，断为三，部分文字剥蚀难辨。

第三对为石柱，东石柱仅存柱座，座高 0.7 米、方形基座边长 1.45 米，四周雕有纹饰。西石柱柱身高 3.86 米、柱座高 0.84 米，上覆盖已无存，盖上小石辟邪现存南京博物院，柱额上残存“故散”二字，柱表作瓦楞纹，上部饰绳索纹和交龙纹，柱础裂为两半。

第四对为石碑，东碑身高 4.15 米、宽 1.46 米、厚 0.31 米，座高 1.01 米、长 3.37 米、宽 1.5 米，碑侧浮雕已漫漶不清，中部有裂缝，东碑额尚存“□□散□常侍司空安成康王□碑”等字，东碑正反两面字皆不存。西碑身高 4.1 米、宽 1.44 米、厚 0.32 米，座高 1.02 米、长 3.07 米、宽 1.46 米，碑身剥蚀严重，正面碑文难辨，碑阴尚有门生故吏 1300 余人的姓名，故吏人名分作二十列，每列六十四人，可辨者有西曹修行徐□□、西曹吏秦□兴、西曹书佐□思仪、西曹从事□□茂昌、西曹功□□、□□掾高□□、小史宋慧、吏朱兴之等人，为研究南朝职官制度及地方社会提供了重要实物资料。西碑额上书“梁故散骑常侍司空安成康王之□”等字，碑顶饰双螭交互盘绕，额穿一孔，额面浮雕腾跃双螭，碑侧浮雕珍禽、瑞兽等图案。

此次所展即东碑额及碑阳、西碑额及碑阴、西柱额等 5 件拓片。

梁吴平忠侯萧景墓神道石刻

萧景（477—523），本名萧昺，字子昭，南梁宗室，南齐东阳太守萧崇之之子，梁武帝萧衍从弟。

萧景墓位于南京市栖霞区十月村。墓前现存石刻 3 件（石辟邪 2、石柱 1），其中西辟邪因破碎无法修复，已埋入地下；东辟邪为雄兽，原来从腰部断为两段，左前腿、底座也断。经南京市文物保管委员会重修，现臀部略残，身长 3.8 米、高 3.5 米、体围 3.98 米。整个辟邪体态肥硕，雄俊壮美，是南朝石兽雕刻中的精巧之作，南京曾经的市徽即以此辟邪为设计蓝本。神道尚存石柱一，为西侧石柱，是南朝陵墓石柱中保存最完好的一件。柱座高 0.98 米，柱身高 4.2 米，柱顶圆盖之上的小辟邪犹存。柱额题有“梁故侍中中抚将军开府仪同三司吴平忠侯萧公之神道”23 字，反书顺读。此次所展即西柱额拓片。

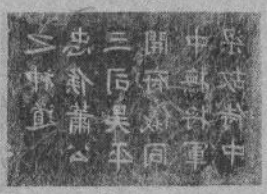

梁南康简王萧绩墓神道石刻

萧绩（505—529），字世谨，南梁宗室，梁武帝萧衍第四子。

萧绩墓位于句容石狮村。墓南向，封土已平。墓前现存石刻 4 件（石辟邪 2、石柱 2）。石辟邪相对，相距 16.8 米，东辟邪身长 3.85 米、高 3.4 米、体围 4.2 米、颈高 1.4 米；西辟邪身长 3.75 米、高 3.33 米、体围 4.28 米、颈高 1.45 米。辟邪北为石柱 1 对，距离辟邪 21 米。两柱柱身高 5.5 米，上刻 24 道瓦楞纹，柱座高 1.3 米，柱顶圆盖和小兽高 1 米。东柱完好，柱额阴刻楷书“梁故侍中中军将军开府仪同三司南康简王之神道”21 字，正书顺读。西柱顶端圆盖已残，柱额文字正书逆读。此次所展即东西柱额拓片。

《瘗鹤铭》摩崖石刻

《瘗鹤铭》摩崖石刻，简称《瘗鹤铭》，原石刻于镇江焦山西麓崖壁之上，因以干支纪年且撰书人仅留下“华阳真逸”之字号，故其作者及刊刻年代，历来众说纷纭。概言之，其时代约在晋唐之间，而作者以南朝梁陶弘景之说较为通行，此外尚有东晋王羲之与唐代王瓒、顾况、皮日休等说法。

自宋代起，《瘗鹤铭》就广泛著录于当时的金石著作、文集及方志中，如北宋黄庭坚《山谷别集》、欧阳修《集古录》、黄伯思《东观余论》、赵明诚《金石录》，南宋陈思《宝刻丛编》、王象之《舆地纪胜》等，均有详略不同的记载。

《瘗鹤铭》原文12行，每行23字或25字不等，内容是一位隐士为一只死去的鹤所作的纪念文字。铭书自左而右，与碑不同，刻字大小悬殊，结字错落疏宕，笔画雄健飞舞，且方圆并用，无论笔画还是结字，章法都富于变化，形成萧疏淡远、沉毅华美的韵致。虽是楷书，却带有隶书、行书之意趣，笔势古拙奇峭，雄伟端劲。《瘗鹤铭》的书法艺术对后世影响很大，为隋唐以来楷书典范之一，被历代书家推为“大字之祖”。

《瘗鹤铭》原石早年因山崩坠入江中，至北宋初因冬季水枯石出，遂为人知。但原石卧于江滩，随江水起伏时显时没，椎拓殊为不易。清康熙五十一年（1712），闲居镇江的原苏州知府陈鹏年命工匠起残石于江中，共得五石。残石后经缀合复位，被置于焦山定慧寺大殿左侧亭内。自残石打捞出水后，《瘗鹤铭》拓本即有出水前本、出水后本之分。前者因椎拓不易，拓本极为稀见，且存字至多为三四十字；后者则因拓本易得，广为流布，字数也增至近百字。

今天所见到的《瘗鹤铭》原石存字为99字，系前后三次打捞所得：第一次，清康熙五十一年（1712），陈鹏年命工匠于江中打捞，共得五石，计93字。此五石现陈列于焦山碑林宝墨轩内。第二次，1997年11月，镇江博物馆与镇江焦山碑林博物馆联合对原石坠江地点进行发掘，发现一块长方形字石，尚存“欲无”2字。第三次，2008年10—11月，镇江市政府对北部滨水区进行全面清淤时，镇江博物馆、镇江焦山碑林博

物馆、镇江市水利局联合考古队，再次进行了水下打捞，又发现“化”“之遽”“鹤”等4字。

梁临川靖惠王萧宏墓神道石刻

萧宏（473—526），字宣达，南梁宗室重臣，梁文帝萧顺之第六子，梁武帝萧衍之异母弟。

萧宏墓位于南京市仙林大学城学则路地铁站南。坐南朝北，墓已发掘。现存石刻6件（石辟邪2、石柱2、石碑1、石龟趺1）。石辟邪两只东西相对，均为雄兽。西辟邪已碎成数块，东辟邪原倒在沟中，后被搬到基座上，身长3.3米、高2.86米、宽1.42米、体围3.35米，为南朝石辟邪中保存最完好的一件。西石柱屹立，高4.96米，柱身刻28道瓦楞纹，柱额北向，上刻铭文“梁故假黄钺侍中大将军扬州牧临川靖惠王之神道”21字，正书顺读；东石柱原断为数节，经修复后树于原地，柱额铭文相同，正书逆读。西石碑完好，碑文因风化文字不识，碑身南侧上下刻一列神怪、羽人、朱雀、青龙等八图，堪称南朝碑刻浮雕之精品。此次所展即东西柱额及西碑侧画像拓片。

梁新渝宽侯萧暎墓神道石刻

萧暎，字文明，南梁宗室，始兴忠武王萧憺子。

萧暎墓位于南京市栖霞区东家边。萧暎墓前石刻保存状况不佳，仅存石柱一，为神道西柱，柱身下陷土中，地上部分高2.1米。因地势低洼，现已半没水中。柱头圆盖及小兽均佚，柱身刻有24道瓦楞纹，柱围1.82米，残损严重。柱额南向，原题“梁故侍中仁威将军新渝宽侯之神道”15字，正书逆读。此次所展即西柱额拓片。

梁建安敏侯萧正立墓神道石刻

萧正立，字公山，南梁宗室，临川靖惠王萧宏子。

萧正立墓位于南京江宁区刘家边。东向偏南，地表已平。墓前现存石刻 4 件（石辟邪 2、石柱 2）。石辟邪南北相对，南雌北雄，相距 16 米。南辟邪身长 2.2 米、高 1.95 米、体围 2.47 米，头后部残；北辟邪身长 2.15 米、高 2 米、体围 2.47 米，头部侵蚀严重，舌、尾残。石柱二，相距 17 米，柱顶盖及小兽均佚。南柱高 3.45 米，柱围 1.74 米，柱身作 23 道束竹纹；北柱高 3.44 米，柱围 1.84 米，柱身作 20 道束竹纹。二柱柱额呈矩形，南柱额存“侍中”二字，余字模糊，正书顺读；北柱额存“梁故侍中左卫将军建安敏侯之神道”15 字，正书逆读。此次所展即南北柱额拓片。

“梁天监四年”纪年孟继孔造像记

释文：大梁天监四年乙酉二月朔三日，弟子孟继孔，子承基、承业敬为全家常多灾愆，信愿敬造神像一区，令得成就，愿亡者高登三涂，生者早离八难，共出苦门。

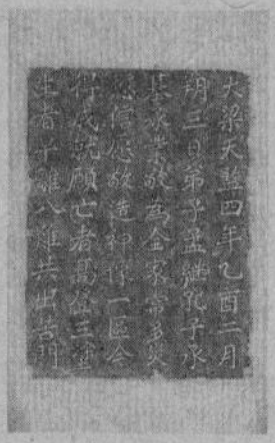

“梁中大通二年”千佛崖题名石刻

该题刻位于栖霞山千佛崖第 61 号佛窟，即无量殿北侧最高处陡壁上，现有佛像 3 尊，题刻 3 段，此为其一。该段题名石刻为行楷书竖刻，此拓脱首行“梁”字及第三行“凌长族”3 字，为金陵大学中国文化研究所旧拓。

释文：中大通二年，赴八月廿三日作。

“梁中大同三年”纪年陈霸先造像记

释文：梁中大同三年□□丙辰三月戊辰朔八日壬午，佛弟子陈霸先敬造石像一区，上为皇帝陛下国祚□

隆，天下太平，□为。

晋故振威将军建宁太守爨府君墓碑

爨宝子碑，全称晋故振威将军建宁太守爨府君墓碑，刻于东晋安帝义熙元年（405）。清乾隆四十三年（1778）出土于云南曲靖县城南70里扬旗田。爨宝子碑俗称“小爨”，与俗称“大爨”的爨龙颜碑并称“二爨”。

该碑碑首半椭圆形，碑身呈长方形，高1.83米，宽0.68米，厚0.21米。碑额题衔5行，每行3字；碑文13行，行30字；碑左下列职官题名13行，行4字。碑文完整、字体清晰。

爨宝子，系爨部族首领。三国两晋南北朝时期，爨氏首领世袭建宁郡太守，为南中地区（今云南、贵州、四川南部）的大姓、豪族。此碑系云南边陲少数民族首领受汉文化熏陶，效仿汉制而树碑立传，是民族融合的文化产物。

因两晋时期行“禁碑令”，故当时刻石极少。此碑书法在隶楷之间，朴厚古茂，奇姿百出，历来受到书家珍视，被誉为“南碑瑰宝”。此次所展为碑阳拓片。

宋故龙骧将军护镇蛮校尉宁州刺史邛都县侯爨使君碑

爨龙颜碑，全称宋故龙骧将军护镇蛮校尉宁州刺史邛都县侯爨使君碑，刻于南朝刘宋孝武帝大明二年（458）。有称清道光七年（1827）金石学家、云贵总督阮元在云南陆良县城东南约10公里的贞元堡（今薛官堡）发现此碑。

该碑碑首半椭圆形，碑身呈长方形，高3.38米，上宽1.35米，下宽1.46米，厚0.25米。碑额有青龙、白虎、朱雀浮雕，下部正中有穿，左右是日月浮雕，日中有金乌，月中有蟾蜍。碑阳正书24行，行45

字，爨道庆撰文。碑阳左侧刻阮元、邱均恩、杨珮三人题跋及“道光七年知州张浩建亭”字1行。碑文完整、字体清晰。碑阴文字3列，上列15行，中列17行，下列16行，行3至10字不等。刻立碑的同僚、掾属官职、姓名。

爨龙颜，字仕德，建宁同乐县人，系爨部族首领。碑文详载了爨氏的历史及墓主人祖孙三代的仕历，为后人研究爨氏家族及魏晋南朝时代的云南历史提供了宝贵的资料。

此碑书法介于在隶楷之间，结体茂密，笔力遒劲，历来备受书家推崇，被誉为“汉晋正传”“隶楷极则”。此次所展为碑阳拓片。

“梁大同六年”纪年千佛碑

梁大同六年（540）龙首铭文千佛造像碑，此碑用四川地区常见的红砂石雕琢而成，原在四川新都正因寺，1973年移入宝光寺珍藏。碑额雕刻双龙，形体矫健，首尾相接，活灵活现；双龙之间又雕刻有图像，碑正面为一佛二胁侍，碑背面为接引佛，佛像下有一足印。碑身四面纵横有序地雕刻着千尊佛像，佛像精巧玲珑，高仅5厘米左右，堪称世上最小的石刻佛像。正面菩萨立像旁有“女弟子赵□□敬造永远供养”等铭文。碑两侧下端雕刻天王像，手持法器，神态勇武威严；边缘铭刻数行铭文，依稀可见“梁大同六年造立千佛碑”“咸通二年十一月十八日”“咸通四年岁次癸未”和“大元至元太岁己卯”等题记。

笆斗山徐家村梁代墓砖

梁代墓砖，南京栖霞笆斗山徐家村出土，二砖五面。自右及左，依次为花纹、“丹阳”铭文、花纹、“万世（不败？）”铭文等。右下钤有“金陵大学中国文化研究所印”，阳文朱印。

“梁大同九年”纪年井栏

井栏大约在清末民国初年出土于南京，现不知所终，仅有拓本传世。此为金陵大学中国文化研究所旧拓。

释文：梁大同九年，皇帝□舍身同泰寺为僧众讲经，诏开此井，以供寺僧。太岁癸亥四月八日井□□。

唐摄山栖霞寺明征君碑

明征君碑，全名摄山栖霞寺明征君碑，立于唐上元三年（676），是明崇俨为纪念其五世祖明僧绍向唐高宗求得的御碑，现立于南京栖霞寺山门前西侧的碑亭内。

碑中的明征君，是指刘宋末年南渡的齐郡士族明僧绍。明僧绍是宋齐之际的名士，隐居于建康摄山（今南京栖霞山），后舍宅为寺，创建了栖霞寺。他多次受朝廷征召而不应，时称“征君”“隐君”。该碑碑高 2.74 米，宽 1.31 米，厚 0.36 米，由唐高宗李治御撰碑文，著名书法家高正臣书丹，王知敬篆额，通篇四六韵文，文末用十首铭词结尾，碑文 33 行，行 74 字，字迹清晰。碑阴刻有唐高宗亲笔所书“栖霞”二字，字体雄健，笔力遒劲。

明征君碑是南京地区保存最好、形制最大的唐碑，在全国现存唐碑中也是极罕见的珍品。特别需要说明的是，该碑碑材采自栖霞山，碑表面梅花状斑纹为 2.8 亿年前的海百合茎和中国孔珊瑚等浅海动物化石，地质学研究价值也极高。

此次所展即明征君碑碑阳、碑阴拓片。

漫步石刻展

第一讲 石语——六朝碑拓与南京

·———— 程章灿

今天所见展陈之名为“南朝气韵”，这个名字挺好。“气韵”二字，最早在中国艺术史上出现，就是在南朝时期。南齐著名画家谢赫在《古画品录》中提出中国画作画有六条原则，即“六法”。“六法”中的第一法，就叫“气韵生动”，这是南朝人的词汇，也是南朝人对于中国文化和中国艺术一个高度精彩的概括。“气韵”二字分开来即是“气”和“韵”，这两个字在六朝文学和艺术批评当中也十分常见，比如《诗品》和《文心雕龙》中就屡见以“气”或“韵”来评论六朝文学的字句。

“南朝气韵”这个展陈，所涉及的主要是一些南朝的石刻。南京是六朝古都，六朝大致可以分为前后两段。东吴和东晋为前半段，之后的宋齐梁陈四朝则为后半段。前后两段有什么区别呢？我个人认为，东吴和东晋时期，六朝文化自身独特的文化风貌尚不突出。到了南朝以后，在江南地区文化发展积累的时间更长，加上前一段的文化基础，因此南朝时期比起之前的东吴、东晋，六朝文化独有的精华和特点就更加突出了，其中也包括南朝石刻。

石刻最早出现于先秦时代，但真正作为中国古代文献的一种重要形式，则是从汉代开始。具体说来，是从东汉开始。在东汉时代，墓碑成为丧葬体制中必不可少的一项，其他石刻也在社会生活中占据重要地位。汉代石刻中墓碑占绝大多数。除墓碑之外，在地方上任职的长官，若是受到一方百姓的爱戴，本地百姓也会为他立一块歌颂其功绩的功德碑。

所以现存可见的汉碑，主要有两种类型：一种是神道碑，是一个人死后对其盖棺定论的评价；另一种是功德碑，往往是主人在世之时所立。简言之，一种是为死者而立，一种是为生人而立。

到了汉末建安时代，曹操挟天子以令诸侯，掌握诸多话语权，他对汉碑的盛行十分不满。他的理由是：首先，汉碑的制作并不简单，选一方上等的石料，请文人作墓碑文，请书法家书写，再寻找技术高超的刻工刻石，每一项都花费颇多。这就使得许多孝子贤孙因为给先人立碑而倾家荡产，造成了社会经济上的诸多负担。其次，碑石由于是为长辈、先人所立，碑文内容多为溢美之词，一派弄虚作假，助长了社会的不良风气。因此，到了建安时代，碑刻便被曹操禁止了。以后的魏晋南朝各代也屡次禁碑。所以，从汉末、两晋到南朝，从官方政令的角度来说，都是禁止立碑的。今天在南京周边还能见到许多南朝石刻，实属难得。环顾整个南朝时期的中国疆域，碑刻的数量是非常有限的。那些有资格立碑的，都是有特殊身份、经过政府特别批准的人。本次展出的南朝碑拓也不例外。

展陈中最早的一块碑刻，是汉代的校官碑，其形制为圭形，基本是上端为三角形，下方是长方形。按照过去汉碑的形制，圭形碑具有一种神圣的意味，表示郑重。碑的上半方，位置如同人的额头的那个地方，叫碑额，这个位置往往刻有题目。这一方碑刻的碑额处，就刻有“校官之碑”四个字，这是汉碑形制的一个特点。按内容来说，这个碑全名应该叫“汉溧阳长潘乾碑”，但是碑额上刻的是“校官之碑”，所以后世多以“校官碑”称之。宋代有一位金石学家叫洪适，他在《隶释》中收录这块碑的时候，就记载它的全称是“汉溧阳长潘乾校官碑”。这是结合了碑额题目和碑文内容的称法。

潘乾就是当时的溧阳县长。今天看汉碑，可以看到有的县级长官称县令，有的称县长。县长与县令有区别。一般来讲，有一万户以上人口的县级长官即为县令，县长则表示其管辖的县较小，人口在一万户以下。潘乾任溧阳县长期间，尤为重视发展地方教育事业，宣扬教化，当地百姓感戴他的贡献，特地为他树立了这个功德碑。

从这张拓片看，可见在碑额下方有圆形的一块空白，原来是碑上的一个圆形孔，此类圆孔在汉碑中比较常见，在石刻学中的专门术语叫“穿”。从汉至唐的碑刻上都可以见到“穿”，它的来历需要从石碑最初的用途讲起。最早在周代，墓葬多土坑竖穴，为了把死者的棺木平稳地下放到墓穴中，就在四角穿四根绳子，以同样的速度和力度，将棺木缓缓放至墓底。拉棺的绳子便是从石碑中间的孔穿过去，作固定之用，便于下葬。可以说，汉碑最早的形制是与下放棺木所用的碑石有关的。后来，汉代无论是功德碑还是神道碑，许多都保留此形制，但是已经脱离了它最初的意义，失去了穿的原始用途。校官碑是功德碑，与丧葬无关。从这块汉碑中，可以看到汉代南京文化的发展，它为南朝文化奠定了基础。因此，在这次展陈中，校官碑可以说是“南朝气韵”的先声。

展陈所见碑刻，大多是南朝时期的。保存比较好，体量也比较大的，如梁始兴忠武王萧憺神道碑，此碑原石还在，位于今栖霞区甘家巷小学西边的田野中，原地立有碑亭保护。这里展陈的是拓本。碑身有 4 米多高，很宏伟。萧憺是梁武帝萧衍之弟，与墓碑在甘家巷小学的萧秀是同父同母的亲兄弟，感情十分深厚。萧憺碑碑文的作者是南朝后期著名文学家徐勉，碑文内容被收录在了严可均编撰的《全上古三代秦汉三国六朝文》徐勉卷中。今天要了解萧憺的生平事迹，可以通过碑文中所记来与传世史书对比印证。碑文是最原始的、属于当时的文献，是研究梁史珍贵的实物资料。书写者贝义渊是当时的著名书家，刻工也是高手。

接下来看到的天发神谶碑，是穿插进来的。此碑刻于三国东吴末代皇帝孙皓在位时期，今日所见为后人重刻。这个碑上的字体有些特殊，据我个人理解，它的特点是，整字结构像篆书，但笔势更像隶书。当代画家齐白石书画兼修，还长于篆刻。他的一些篆刻印章上的字体，尤其是撇捺的尾笔扫出来的笔势，很有天发神谶碑的意思。

页 007 ·

梁始兴忠武王萧憺墓神道碑 ·

页 004 — 005 ·

吴天发神谶碑 ·

这个碑上所刻的字体，也不是当时的实用书体。中国古人对于石刻有一种文化上的理解，认为石刻有一种神圣的作用。统治者常以石刻这种文献形式来为自己做政治上的宣传。魏、蜀汉、吴三国相争，都想统一中国，都自居正统。东吴到了末代皇帝孙皓之时，国力已趋衰弱。有一些好事逢迎者经常向孙皓进言，有的说在某地发现地下出土宝盒，其中装有石刻印章，上刻若干字，大意是吴国皇帝将要统一中国，诸如此类，以奉谀皇帝。天发神谶碑就是一个例证，其内容即列述东吴发现的祥瑞，认为这是东吴将要统一中国的预兆（谶验），所以孙皓下令刻成此碑，而且采用这种特殊字体，是有政治目的的。今日所见的这块碑是仿刻的，是辛亥革命前这个碑毁了以后覆刻的作品，嵌在今天总统府煦园的墙壁上。覆刻的时候还把宋人胡宗师的跋和自己的题记也刻了上去。

这种较为奇怪的字体，往往见于改朝换代之时，或者用于某些宗教场合。今天到绍兴的大禹陵，或者在栖霞山上，都可以看到一个所谓大禹治水的岣嵝碑，也用一种特殊的书体。其实只是为了给人们造成一种神秘感，宣示天意，一般人看不懂实属正常。有人专门学写这种字体，也容易给人以玄妙的感觉。清代苏州有个书法家叫王大炘，就擅长写天发神谶碑。

再回来看萧秀碑。萧秀跟萧憺是亲兄弟，早萧憺几年去世。将萧秀碑与萧憺碑的尺寸作对比，可以看出，萧憺碑更高、更宽、更厚一些，但也就一点点，超出不多。萧秀碑的正面文字已经漫漶不清，但原始石碑依然留存至今，碑侧的花纹装饰还依稀可辨，也分成八格。金石学讲究原始材料，即使文字不清楚，能看出基本的文物形制，也是珍贵异常的。一般来说，碑刻的正面，我们称为碑阳，从汉代开始，就是在正面刻碑文。碑刻的反面，我们称为碑阴，主要是刻碑石出资者和参与立碑者的名单。如今看到的萧秀碑，碑阴分出数栏。人名排列亦有讲究，按身份高低和类别来排列。这一点是延续了汉碑的传统。东碑展示的是阳面，西碑展示的是阴面。这个阳面我们还可以看出一些字来，但大部分都已经剥裂了。南朝帝王陵墓前的石刻所用石材大部分都是产自栖霞山一带的石灰岩，非常容易风化。西碑碑阴密密麻麻的全是字，现在部分字还很清晰，是萧秀故吏的题名。

萧秀墓石刻在今甘家巷小学内，四组均有保存，石辟邪、石柱虽受破坏较多，但位置关系可以看得比较清楚。萧秀去世之后，立了四块石碑，刻了四篇碑文。一般解释为萧秀交游甚广，与其府中文人关系很好，因此在他去世时，这些文人争相为他写碑文。碑文由当时四个著名的文人撰写，分别是王僧孺、陆倕、裴子野和刘孝绰，都是文采斐然的才子，在文学上造诣很高。本来要从这四篇碑文中选一篇最好的刻碑，但由于四篇碑文难分高下，所以全部刻成石碑。我以为，事实可能不是这样。当时墓碑就有这样一种规格，就是可以立两块碑甚至四碑并立。如果将

页 008 — 012 ·

梁安成康王萧秀墓神道西碑阴 ·
梁安成康王萧秀墓神道西碑额 ·
梁安成康王萧秀墓神道西柱额 ·
梁安成康王萧秀墓神道东碑阳 ·
梁安成康王萧秀墓神道东碑额 ·

萧秀碑跟萧憺碑作一对照，这兄弟二人的等级在当时应该是一样的，所以墓葬的各种规格应该也相同。他们这一级别的人，可以立多块碑刻，这可能是出于满足不同身份的立碑人的需要。萧秀曾经在很多地方任职，比如他做过江州刺史，又做过荆州刺史，不同地方、不同时期的不同身份的下属，各自出资为他立碑，就可能有多块碑。这也是继承汉碑的传统。如今，四篇碑文只有一篇传世，即刘孝绰所写的碑文。它不是靠拓本流传，而是因为唐人将其抄录在《艺文类聚》这部类书中才得以保存下来。

南朝帝王陵墓的神道石刻，基本上都分布在南京及其周边。梁武帝的父亲梁文帝萧顺之陵墓位置在现今的丹阳。两个神道石柱柱额上的题字都非常明显，实地观察会更清楚。这两处柱额题字，恰好是正反相对：一边正字正书，从右向左书写；另一边反字反书，从左向右书写。不仅读法相反，字的写法也是相反的，二者互为镜像。

同样，“反书”的写法也见于萧景墓的神道柱柱额上，虽然仅存一件，但刻字非常清晰完整，很难得。萧景的原名其实是萧昺，在我的书《山围故国》里有一篇文章写到他。昺，意为光亮、光辉，意思是好的，但这个“昺”字在唐朝时恰好犯了唐高宗李渊父亲的名讳，因此，唐人在作《梁书》《南史》时，将“昺”改为“景”，此后人们都称之为“萧景”。唐人这一类的避讳随处可见，甚至天干地支中的“丙”，也以

· 页 006

· 梁文帝萧顺之建陵神道北柱额
· 梁文帝萧顺之建陵神道南柱额

· 页 013

· 梁吴平忠侯萧景墓神道西柱额

“景”来代替，后面我们可以看到的明征君碑中，就有一个例证。但改朝换代之后，宋代的赵明诚写《金石录》，并未将其改为原名，而是继续使用“萧景”之名，并一直沿用至今。宋代其他金石书，乃至清代很多学者、金石学家，也都沿袭唐人的避讳写法，这其实是大可不必的。

此外，萧绩墓的神道柱柱额，也有所谓“反书”，但只是读法上反常规，字的写法不反。今天，萧绩墓前的石刻只留下一对辟邪、一对石柱，照道理后面还有一对石碑，但早已经没了。辟邪和神道柱后是巨大的水库，墓室应该在修建水库时消失了。

《瘗鹤铭》位于镇江焦山，是一处刻在山崖上的摩崖石刻。摩崖石刻与碑刻不同，碑刻往往提前采石、磨治，打上行格，再在上面刻字，因而比较规整。摩崖石刻上的字不如碑刻规则，有的一笔一划会非常长，行列也比较自由随意，这是因为它的书刻要视崖石平面的情况而定。

《瘗鹤铭》的背后有一段故事。有人养了一只仙鹤——古人相信鹤与神仙有关，是仙禽。当仙鹤去世后，主人十分伤心，就将鹤埋葬，然后为它写了一篇铭文，就是《瘗鹤铭》。关于它的作者 / 书者，历来众说纷纭，有王羲之、陶弘景、颜真卿以及顾况等几种说法。我要在此引用南大著名教授卞孝萱先生的观点。他认为，上述几人都不是《瘗鹤铭》的作者，作者另有其人，佚名，其时代应该是在唐末。

页 014 — 016 ·

梁南康简王萧绩墓神道西柱额 ·
梁南康简王萧绩墓神道东柱额 ·
《瘗鹤铭》 ·

卞先生的推论主要有两个依据。第一是在《瘗鹤铭》中出现了两个地名，丹杨（丹阳）和江阴。丹杨这一地名在梁朝时才出现，江阴则是到了唐代才出现的。另一个证据是文学文献方面的。卞先生对唐代中晚期的文学文献非常熟悉。他发现韩愈曾经写过一篇《瘗砚铭》。韩愈的朋友李观的砚台摔破了，这个砚台他使用了很长时间，不免日久生情，很是伤心，就小心地把摔坏的砚埋了。韩愈为他写了这篇铭文作为纪念。卞先生认为《瘗鹤铭》就是模仿这一风尚。到了晚唐，皮日休也写过《瘗鹤铭》，但恐怕不是焦山所见的这篇碑铭。《瘗鹤铭》后来成为镇江焦山最具代表性的文化符号。清代有个著名学者阮元，他跟镇江焦山的一个和尚合作，创建了一个图书馆，叫“焦山书藏”。这个图书馆有个特点，它的书架排序方式不同常规，是从《瘗鹤铭》的文字中，挑选出 77 个字，用作书架排列的序列依据。所以，要想查这个图书馆的藏书，先要背熟《瘗鹤铭》。这样，《瘗鹤铭》不仅是文化符号、书法经典，还成了文化标准。

萧宏墓碑也保存了下来，虽然不完整，但是很珍贵。萧宏与萧衍、萧憺、萧秀是兄弟，他排行第六，在老三梁武帝萧衍之后。他的神道碑保存较好，位于栖霞区学则路附近，现在修建为“梁临川靖惠王萧宏石刻公园”，离南大很近，很方便去。萧宏碑的碑侧分为八格，有很生动的图像。萧憺和萧秀墓碑上的雕刻虽然现在已经看不清楚，但据萧宏

· 页 017 — 019

· 梁临川靖惠王萧宏墓神道西柱额
· 梁临川靖惠王萧宏墓神道东柱额
· 梁临川靖惠王萧宏墓西碑侧画像

碑类推，当时很可能也是分作八格。兄弟几人神道碑形制相似，可以从一人神道石刻的情况，推知另一人的情况。萧宏这人很有故事，我在《山围故国》一篇文章中也提到过。萧宏之子萧正德，在萧统尚未出生之时，曾过继给梁武帝，是梁武帝的太子。可惜他刚当了几个月的太子，萧统就呱呱坠地，萧正德的命运彻底改变，从此一蹶不振。但是，萧宏跟萧衍关系非常好。政治上，萧宏对梁武帝绝对忠诚，梁武帝对萧宏也是绝对信任，委以扬州刺史的要职。萧宏此人资质平庸，能力不足，在与北魏的作战中经常失败。有一次失利之后，萧宏干脆躲在军营中闭门不出，北魏甚至送来巾帼挑衅，他也忍受下来了。其人之才性由此可见一斑。

前面看得最多的是神道碑，其次是功德碑。这次展览的石刻，还有一种就是造像记。南北朝人多信佛，很多人都想为自己造佛像，积功德，这就是造像。造像的时候，常常刻些文字，内容多是祈求亲人长辈身体健康、子孙兴旺发达之类，也有祈祷天下太平的。栖霞山有很多南朝造像，但南朝的造像记很少见。北朝造像记较多，尤其是在洛阳，比如著名的龙门石窟。

南朝造像记，像天监四年的这一方造像记，未必为真。不仅字体可疑，而且干支纪年写法也跟一般的写法不一样。一般会写“大梁天监四年”年份的干支，接下来是“二月”朔日的干支和“三日”的干支，现在这个写法不规范。

页 022 ·

“梁天监四年”纪年孟继孔造像记 ·

这次展陈的展品中特别珍贵的一件，是栖霞山千佛崖石刻题字。千佛崖佛龛内经常有题字，但南朝的题字很难得，宋代的就多一些。宋代在王安石同时代，南京本地有个书法家叫胡恢，篆书写得极好，也在一个佛龛中留下了他的题名，《山围故国》中也有文章写到。这种题名的特殊意义在于，南京地区的南朝文化，以这种方式与北宋文化衔接起来了。

这一方名为“陈霸先造像记”的石刻，据称是在梁中大同三年所造。特别值得注意的是，这个造像上刻有“国祚昌隆，天下太平”。大家都知道，陈霸先就是陈武帝，他在梁武帝时表达这样的意思，从政治上说是很正确的。但此物可信度同样不高。我曾专门考察过，这个造像记上所书中大同三年（“中大同”年号没有三年，可能是“中大通”之误）的干支有误，首先不是“岁次丙辰”，再就是“三月戊辰朔”也不对，三月的朔日不是戊辰，八日的干支也不对，基本上可断为赝品，虽然它也有近百年的收藏史。

刚才我们看过的碑刻大多数是在南京的。现在看到的这两块碑比较特殊，是在云南发现的“二爨碑”。这两块碑可以理解为南朝文化在遥远的西南边陲的影响或余波。爨宝子碑和爨龙颜碑，一小一大，合称为“二爨碑”，分开来则是“小爨碑”“大爨碑”。“爨”字比较难写、难认，有一个办法帮助大家记住字形：将“興、林、大、火”四个字，从上到

· 页 023 — 026

· “梁中大通二年”千佛崖题名石刻
· “梁中大同三年”纪年陈霸先造像记
· 爨宝子碑
· 爨龙颜碑

下拼合起来就行了。此字的本义是将木材塞进灶里烧，可以“望文生义”，音读如“窜”。在这两块碑中，“爨”是云南少数民族首领的姓氏，碑文写的是关于他们的生平事迹。爨姓是南方民族的地方豪强之一，世袭官职。碑文内容是爨氏首领如何管理这个地方。爨宝子自称他们家世代是宁州刺史。我们光看历史文献的话，会发现中原的朝廷一直往那里派汉人的宁州刺史，就会以为这个地方牢牢地被中央把控，但是读了碑文才会发现原来朝廷对那里是鞭长莫及。

“大爨”“小爨”是以碑的尺寸大小来区分、命名的，其实，从年代上说，小爨碑更早、岁数更大，它刻于东晋义熙元年（405）。那时，天下权力已经掌握在刘裕手中，可以说已经是刘宋的天下了。小爨碑的字体比较特别，大爨碑上书刻的字体没有小爨碑那么难，与魏碑甚至某些隋楷有些相似。临摹这些字体都不容易，除了笔画上要下足功夫，还要格外注重字的间架结构。

这里还有一块题有“梁大同六年”的造像，有人希望把这块纪年碑的时代确定为南朝，但就目前所知的材料，也不足以证明。如果说整个南朝的造像有比较可信的，我想提出源自苏州洞庭西山华山寺的刘宋元嘉年间的杨谟造像，这座造像曾被曾任华东师范大学教授的王佩诤先生收藏过，详细的情况，可以参考王佩诤先生的《瓠庐笔记》。

再看一下这块南朝的墓砖，这是丹阳南朝墓砖上的字。

页 027 — 028 ·

“梁大同六年”纪年千佛碑 ·

笆斗山徐家村梁代墓砖 ·

墓砖上的字，是考古发掘时判断墓葬年代的重要依据。萧统墓原来一直被当作陈文帝的陵墓，后来才通过墓砖而得以确定。

这里还有一个井栏。从刻字来看，是梁大同九年的，但这上面刻的内容比较可疑，明显有附会之嫌。梁武帝舍身同泰寺，这是众人皆知的事，太有名了。这个井栏自称是梁武帝舍身同泰寺时刻的，太戏剧化了，不大可能。南京历史上曾经有个金石学家，晚清人，叫陈宗彝，他与一般的金石学家不同，专喜收集井栏，共收藏有南京地区明以前的井栏11件，却没有这一件。可见这个井栏晚清时可能还没有出现。陈宗彝专门给自己的书斋取名“井天斋”，意思是把井栏看作天一样大的事情，另一个意思就是自谦“坐井观天”。我在《山围故国》中也提到了这个人。

最后来看一看唐朝的明征君碑。碑阴所刻“栖霞”两大字，相传是唐高宗所写，但无法确认。可以确定的是，碑阳刻的确是唐高宗写的文章。两《唐书》也提到明征君其人，但都说明征君名叫明山宾，那显然是错了；又说唐高宗不仅写了碑文，还亲自书写此碑，也说错了。宋以后许多金石学家，如赵明诚，都误信两《唐书》，以讹传讹。如果他们看一看这块碑，读一读这篇碑文，就不会出错了。

明征君是指明僧绍，是宋齐两代的征君，宋齐两朝皇帝多次征召他出来做官，他都回绝，一直隐居讲学，先在青岛，后在连云港，最后宋齐之交时他来到南京栖霞山，定居

· 页 028 — 030

· “梁大同九年”纪年井栏
· 明征君碑
· 明征君碑碑阴

下来。当时栖霞山还叫摄山。他在山里筑栖霞精舍为宅，永明初年去世前舍宅为寺，于是才有了栖霞寺，也才有了栖霞山这个名字。唐高宗为什么要为这个南朝人写这么长的一篇碑文呢？因为明僧绍有一个五世孙，叫明崇俨，是唐高宗时的方术大师，会变很多魔术，比刘谦还要神奇，很受唐高宗宠信。所以，唐高宗不仅亲撰碑文，还请他身边有名的书法家来书写。因为有唐高宗大名的庇护，明征君碑也顺利逃过了唐武宗会昌年间的那场灭佛运动，而完好地存留至今。江南有如此可观的唐代丰碑，尤其珍贵。

这篇碑文有几个地方特别值得注意。首先是避讳。“景子四月”，本来应该是“丙子四月”，因避唐讳，就改成“景子”，与萧景碑正好相互印证。其次，在南京的历史文献中，能找到的最早把南京称为“南京”的文献，就是明征君碑。大家看碑上写着：明僧绍是山东人，最早在青岛崂山讲学，后来青岛一带被北魏攻陷，他就撤到连云港，在那边建了栖云精舍继续讲学，再后来到了栖霞山，又建了栖霞精舍。碑文中有“凌江迴憩，遂届南京”的说法，这南京就是指今天的南京。再次，栖霞山原来还有一块南朝陈代的碑刻——江总碑。唐诗中有“若到栖霞寺，先看江总碑”的说法，足以见其价值。可惜江总碑毁于唐武宗的灭佛运动，宋人重立，又被毁了。今天栖霞寺山门前的江总碑，是前几年重立的。江总碑和明征君碑都写到栖霞山开辟的历史，有些出入，一般多采用江总碑的说法。但关于明僧绍的事迹，就只能依据明征君碑。

所以，明征君碑的价值，不仅在于很好地记述了明征君的生平事迹，而且说明了栖霞山开凿佛龛的因缘，也确认了栖霞寺与帝王的因缘。文章、书法、碑材都很讲究，堪称“三绝”。这次展览的名字叫“南朝气韵”，虽然明征君碑是一块唐碑，但它的内容是关于南朝的人、南朝的事，它的碑主明僧绍是地地道道的南朝名人，因此，我认为，用明征君碑为整个展览压轴，既有总结南朝的意味，又十分点题。

（张雪萌、魏美强据录音整理）

·———— 张学锋

南京的东郊、东北郊和东南郊散存着南朝宋、齐、梁、陈四朝的石刻，统称为南朝陵墓石刻。我们知道，陵的称谓只能用于皇帝、皇后或者是本来要继位却不幸早夭的太子，而像萧景、萧秀这些当时王侯一级的人物，他们死后的葬身之地只能叫墓。

另外，在镇江丹阳市的东北郊，也分布着一片南朝陵墓石刻。我们知道，南朝齐、梁两代的皇帝都姓萧，他们的家族是从北方迁过来的。以今天京沪高铁丹阳北站为中心的一大块区域，六朝前期叫武进县东城里。萧氏家族在武进县东城里定居下来，经过了百余年的繁衍，势力壮大。公元479年，萧道成迫使刘宋皇帝退位，建立了萧齐王朝。后来，同是本家兄弟的萧衍又取代了萧齐，建立了萧梁王朝。所以齐梁两代都姓萧，追溯祖先的话，两位开国皇帝是同一高祖父的后代。从整体上来说，萧齐和萧梁的帝陵区在丹阳，刘宋和陈的帝陵区在南京郊外。如果再仔细区分，齐的帝陵分布在丹阳东北郊的经山周围，梁的帝陵区则在丹阳东郊的三城巷。

为什么我们把帝陵前的石兽叫麒麟？因为六朝人就把它叫麒麟，不过当时这两个字写作“骐驎”。《梁书》卷三《武帝纪下》中记载，中大同元年春正月丁未，曲阿县建陵隧口石骐驎动，有大蛇斗隧中，其一被伤奔走。曲阿县就是今天的丹阳市，建陵是梁武帝父亲的陵墓。建陵隧口（墓道口）上的骐驎在跳动，还有几条大蛇在墓道口打架，其中有一条蛇被打伤以后逃跑了。

文献中用的是“骐驎”二字，今天我们已经不用这两个字了，统一改用“麒麟”。但南朝陵墓的石麒麟跟我们平时印象中的麒麟还不太一样。

我们印象中的更多的是作为一种祥瑞的麒麟，这种形状是宋代以后逐渐定型的（图01）。等一下我们要看齐梁陵墓的石兽造型，这里先作一个简单的介绍。齐梁陵墓神道上的石兽，一般分成两种形状：一是体型修长，从头部到颈部再到背部、尾部，整体呈一个横过来的S型曲线，这种造型的叫麒麟，其原型应该是虎。第二种形象，就像曾经南京市的市标那样，我们把它叫作辟邪，它的基本造型是狮子。

使用麒麟还是辟邪，跟墓葬的等级有非常大的关系。麒麟专用在皇帝、皇后或故太子的陵前，而辟邪则用在宗室王侯墓前。麒麟在头顶有一角或两角，与长鬃吐舌的辟邪不同（图02、03）。齐、梁皇室作为今丹阳人，皇帝死后全部归葬丹阳，所以，在今天的丹阳东北郊，我们看到的石刻基本上都是麒麟的形状。王侯死后在都城建康，也就是今天的南京附近择地埋葬，所以南京附近的除一处外，其他全部是辟邪——一处就是昭明太子及其生母丁贵嫔的安宁陵。昭明太子陵前的石刻是麒麟，无需考古发掘，只要看到这样的石刻形象，就能知道后面葬的应是皇帝级别的人物。如果石兽是辟邪，那么，后面葬的就是王侯级别的人物。

01

02

03

01 宋代以后逐渐定型的麒麟
02 麒麟
03 辟邪

接下来我们用美术史学的样式学方法来考察帝陵前的麒麟。

首先是萧齐。萧齐比萧梁早，建国从头到尾才23年，但在石刻造型上却有不少创造。这一只麒麟所在地点为丹阳胡桥张庄，又叫狮子湾（图04）。现在我们趋向把它视为萧齐的第一代皇帝萧道成的泰安陵。曾经在中央大学任教的著名教授朱希祖、朱偰父子有过考证，他们当时认为这是萧道成的父亲即萧承之的永安陵，今天树立在这儿的文保碑上写着“永安陵”，就是接受了他们的观点。在这对麒麟的西北方向，大概隔了一个小山包的距离，那个地方叫赵家湾，朱氏父子曾将那里的一件残麒麟视为萧道成泰安陵前石刻（图05）。但我们从石刻的造型与排葬的规律来看，赵家湾石刻应该是萧道成建国后被追赠为皇帝的萧承之永安陵石刻，狮子湾的是萧道成本人的泰安陵石刻。这两处石刻的造型基本上一样，石兽胸部宽厚，躯体较短，有一种强大的动感。因为两组石刻相差的年代才四年，所以，当时使用的粉本、造型、加工方法不会有太大的变化。它们是萧齐前期石刻的代表。

萧齐帝陵石刻的特点，可以总结为这么几点：第一，石兽体型修长，呈横S形。第二，右麒麟（背对墓葬而言）的右前肢往前伸，反过来，左麒麟的左前肢往前伸，两个石刻之间的距离约为30米，远远看过去，两个前伸的前肢好像把你挡在门外一样。这是萧齐石刻的一大特点。第三，石兽

04

05

04 丹阳胡桥狮子湾齐高帝萧道成泰安陵麒麟

（旧说为萧承之永安陵）

05 丹阳胡桥赵家湾萧承之永安陵麒麟旧影

（旧说为齐高帝萧道成泰安陵）

前伸的前肢爪下，有一个长着尾巴的小兽（图 06）。第四，石兽两侧的双翼具有写实的风格，是鸟翼的样子（图 07）。第五，石兽胸前有分股的垂鬃。麒麟舌头不吐出来，颌下的胡须往下垂，垂了以后开始分股，可以把它叫作垂鬃，也可以把它叫作垂须。它下垂的端头是卷起来的，且往两边散开后形成圆形的一坨。赵家湾的也是一样，垂下来以后成为一个圆坨的形状。

我们到丹阳去看帝陵的时候，最多的是去看丹阳胡桥仙塘湾鹤仙坳的齐景帝修安陵。这一对麒麟是目前保存最好的（图 08、09）。石兽最大的特征是非常明显地斜向前方，与前突向上的胸部一起构成一种扭曲之势，增加了跃动之感。而建山金家村失名的石刻，有认为是齐明帝萧鸾兴安陵前的石刻，无论如何，一眼就能判断这是萧齐的石刻（图 10）。齐武帝萧赜景安陵的石刻，曾长年倒卧在水塘中，因为这些石刻都是石灰岩凿成的，在水中呆的时间长了就会被侵蚀，如果再放一段时间，可能就看不出麒麟的样子了，甚至会以为是公园里的太湖石，因为太湖石的材质跟它是一样的。

接下来我们看萧梁的石刻。

梁武帝建国后，马上追赠他的父亲萧顺之为皇帝，并且上了文帝的谥号。之后又重新营造墓葬，号为建陵（图 11）。修造建陵因为和萧齐灭亡是同一年，所以制作这一批

06

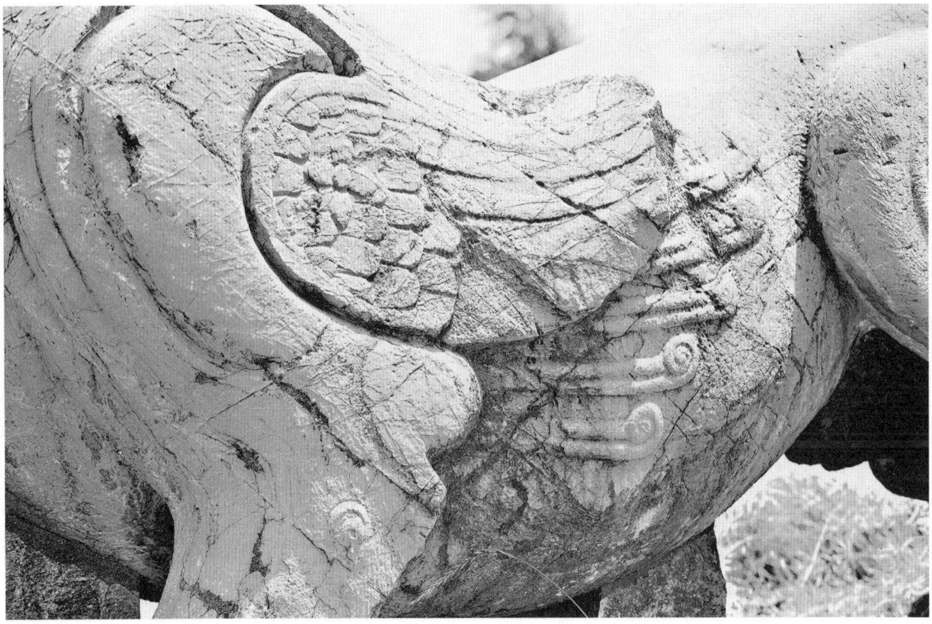

07

06 丹阳胡桥狮子湾萧道成泰安陵麒麟细部
07 丹阳云阳田家湾萧赜景安陵麒麟细部

08

09

10

08 丹阳胡桥仙塘湾齐景帝修安陵神道右麒麟
09 丹阳胡桥仙塘湾齐景帝修安陵神道左麒麟
10 丹阳建山金家村失考墓麒麟

东西的工匠可能都还是同一批人，它保留着萧齐的风格：修长的横S型躯体、外侧前肢往前伸，双翼也还是具有相当的写实性（图12、13）。其中也可以看出一些新的动向：与前代仙塘湾、金家村的石兽相比，跃动感减轻，显得更加缓和。头部变小而身体加长，似乎有一种动作迟缓的印象。而且，双翼、颈部、腋腹、腰部等处箭一般的长毛写实性有所减弱。

这一件是丹阳三城巷梁武帝修陵的麒麟（图14、15）。从正面看，双翼几乎是平的，都没有像我们看到的如同鸟翼那样略往外鼓的感觉，下颌垂下来的须成了分叉卷曲的形状，越卷越小，到最后就成了尖头了，而不是萧齐那样的圆坨状，开始变形了。总之，这是在萧齐以及梁文帝建陵的基础上，朝着梁末石刻过渡的形制。体型还算修长，但弯曲度已经变小了。左麒麟的左前肢往后缩了，如果是萧齐的话，它应该会往前伸。前面的右肢爪下还有小兽，这个做法工匠没有忘记。经过这个过渡样式以后，马上就会迎来一批梁代晚期的石刻。

这一对是南京狮子冲昭明太子陵前的石兽，是南京地区非常难得一见的（图16、17）。昭明太子萧统是梁武帝萧衍的长子，其葬身之地就是经考古发掘的狮子冲1号墓，他的母亲丁贵嫔葬在2号墓。母子能葬在一地吗？可以，这也是当时的礼法，但是不葬在同一个墓穴里。母亲墓葬的东侧叫

11

12

13

11 丹阳三城巷梁文帝萧顺之建陵神道石刻
12 丹阳三城巷梁文帝萧顺之建陵神道左麒麟
13 丹阳三城巷梁文帝萧顺之建陵神道右麒麟

14 丹阳三城巷梁武帝萧衍修陵神道左麒麟正面
15 丹阳三城巷梁武帝萧衍修陵神道左麒麟侧面

14

15

16

17

16 南京狮子冲梁昭明太子及其生母丁贵嫔安宁陵神道右麒麟
17 南京狮子冲梁昭明太子及其生母丁贵嫔安宁陵神道左麒麟

长子位，是专门留给长子的。如果昭明太子后来做了皇帝，他死后就要葬回丹阳故里了，但昭明太子却不幸早亡，于是死后就启动了长子位的葬法，把他和丁贵嫔葬在了同一个陵园，昭明太子的陵叫安陵，丁贵嫔的陵叫宁陵，两者合成安宁陵。昭明太子本是继承皇帝大统的人，所以他的陵前就安放了麒麟。这对麒麟保存精美，最基本的特征是体型短小，S型曲线基本消失，头部圆大。左麒麟左前肢后缩，麒麟的四爪都翘起，工匠可能也不知道这么做的原因，所以爪下不见小兽。双翼做得像一朵花，可以将之称为卷云绶带纹，这已经完全是写意的做法了，仅仅表明这里有翅膀。

我们再看石兽的正面（图18），虽然下颌的须垂了下来，还形成一个圆坨状，但是里面已经有好多条刻线，这开启了梁末石刻变化的先河。

再看它的背后（图19），原本萧齐的石兽从头部往下表示颈椎的时候会做成圆饼状装饰，就是一个一个圆形的突起。但是，萧齐石兽背上的突起只到其颈部以下、脊背的中部，到了萧梁末期的石兽，圆形突起竟然一直延伸到了尾部。也就是说，跟萧齐时期的石兽形象相比已经有很大的变化了，也许当时的工匠都不知道为什么要装饰突起，这一部分也慢慢地趋向于写意了。

我们看梁代最晚期的丹阳三城巷梁简文帝庄陵石刻。这是左麒麟，只剩下身躯的前半部了（图20）。我们来看一下

18

18 安宁陵麒麟正面
19 安宁陵麒麟背面

19

它的特点：第一，下颌垂下来的须依然往左右分，但是就好像见了风被吹散的样子，不再是圆形的一坨。第二，双翼呈卷云绶带状。如果将它和昭明太子安陵石刻作一个对比，就会发现两者如出一辙。前面爪子上翘，但爪下没有小兽。这就是梁代末期麒麟的典型造型，这种造型应该说是从昭明太子安陵开始的。

今丹阳陵口镇是萧梁帝陵的入口。关于陵口石兽的时代，该如何判定？我们现在已经基本上掌握了萧梁麒麟的样式学特征，比如像脊椎骨一样一直到尾部的突起和卷云绶带状的双翼。看到图片我们能够判断这是梁代最末期的作品了（图 21）。

接下来是关于陵墓石刻的第二个话题：齐梁皇帝如何从建康到故里丹阳去祭陵？

住在建康的皇帝怎么才能去陵区？怎么才能去拜祭呢？这里涉及连接建康和丹阳（曲阿或云阳）的一条非常重要的人工运河——破冈渎（图 22）。

其实这条运河的历史比隋炀帝开的大运河更为悠久。东吴时孙权命校尉陈勋发屯田兵 3 万人开凿此河，沟通了都城建业与太湖平原诸郡。齐梁时穿着丧服的家属们、去送葬的官员们，出了都城后，到今夫子庙东南渡过秦淮河——那里有一座浮航叫丹阳郡城后航。在这里登上船，沿秦淮河往上游走，到方山就需要一天。然后从方山往秦淮河的北源上走，

20

21

20 丹阳三城巷梁简文帝萧纲庄陵麒麟
21 丹阳陵口镇麒麟
22 六朝破冈渎路线示意图

22

接着就能到达破冈渎。经过今江宁湖熟，然后一路往东翻山越岭到曲阿的西城（今丹阳市延陵镇西）。再沿破冈渎的延长线简渎到曲阿，然后进入江南河，在这里专门开了一条河道直通萧梁帝陵，这条河叫萧港，又叫萧梁河。陵口就位于江南河与萧梁河的交汇处。在萧梁河的入口处，两岸一边有一个体形硕大的麒麟。从这里往北走不久，就是萧氏故里东城里，旁边就是陵区所在的东城里山。

最后是关于麒麟的第三个话题：麒麟从何而来？先讲结论的话，麒麟是东西文化交流的见证。

这是南朝麒麟中最早的一对，地点在麒麟铺，据传是宋武帝刘裕初宁陵（图 23、24）。今天那里的文保碑就是这么写的，叫宋武帝刘裕初宁陵石刻。但是，也有人考证认为墓主应是刘裕的儿子即宋文帝刘义隆的长宁陵。两说都有，争执不下。根据文献记载，刘裕、刘义隆父子的葬地靠得非常近。图片我刻意没有把两只石兽对起来，如果对起来似乎给人一种它们是一对的感觉，所以我特地把它们朝着一个方向放置。我们来看一下这组图片，这两件麒麟能视作一对吗？今天石刻所在地正在拆迁，原本石刻都在民居的小院子里面。今后那个地方成为遗址公园，我们远远一看，一定会把它们看成一对。但是，作为一名研究者，我认为它们不太可能是一对，这个问题留待今后进一步研究。

那么刘宋的麒麟从什么地方来？书中给我们留下了记载

23

24

23 南京麒麟铺左麒麟
24 南京麒麟铺右麒麟

是“于襄阳致之”，说是刘宋孝武帝从襄阳学来的。襄阳原来属于南阳，南阳地区在东汉时期非常流行在墓葬前放置这种有翼石兽，而长江下游的江南地区则不然。所以江南地区的麒麟也好，辟邪也好，都是从襄阳学过来的。但是襄阳或南阳地区安置石兽做法又是从什么地方学来的？

我们把视角放得更远些。今天黑海、里海一带，是人类文明最早的起源地之一，最先在那里崭露头角的游牧民族叫斯基泰人。据研究，是他们最早发明、创造出了这种带双翼形象的神兽，西方语言中叫“格里芬”。

格里芬有翅膀，它会“飞”。它往东南西北飞，向四处传播。飞到了美索不达米亚平原，飞到了埃及，飞到了地中海沿岸的叙利亚，飞到了希腊，往东飞到了新疆、阿尔泰地区（图 25—29）。

战国秦汉以后，以格里芬为原型的有翼神兽造型在中国越来越多见，可以说被广泛地用于各种装饰。而今河南省一带这样的东西最多，各种形象不胜枚举。最后，格里芬飞到了南京，飞到了建康的狮子冲、十月村和丹阳的狮子湾、三城巷，甚至飞到了广州的象岗山（图 30—33）。

接下来我们一起来看展品。这个展览虽然叫“南朝气韵”，但也囊括了几件其他时代的文物。

现在我们面对的就是这块最知名的碑——萧憺碑的拓片（页 007）。这件拓片已经很清晰了，到现场看的话任何人都

25

26

27

25 美索不达米亚阿卡德王朝圆筒印章展开图上的有翼神兽（格里芬）
26 地中海西岸叙利亚阿勒颇出土金碗装饰中的格里芬（前 14 世纪）
27 希腊出土金片上的格里芬（前 6 世纪）

28

29

28 俄罗斯阿尔泰州出土马鞍装饰上的格里芬（前 5—前 4 世纪）
29 新疆新源县出土铜鍑缘饰上的格里芬（前 4 世纪）

30

31

30 河南洛阳伊川出土石辟邪
31 许昌博物馆藏北朝有翼神兽

32

33

32 江苏盱眙大云山江都王陵出土编磬虡座
33 广州南越王墓出土双虎玉珩

无法看到这么清晰的图像，更何况现在还有碑亭，大门紧锁。我对这件拓片非常有感情。2002 年，在带第一届研究生的时候，那时我们整个考古专业的硕士研究生加起来只有 4 个人——今天一届有 39 个人。那 4 个研究生入学后，我就带他们在博物馆小房间里面读这块碑的拓片。碑的每一个字我们都释读过，并且有详细的笔记。包括接下来要看到的那块后面有许多题名的碑（即萧秀墓神道西碑阴），我们当时也是用手指逐字点过的。在我们阅读后的那几年，南大博物馆就请人把这些拓片装裱了起来，原本它们只是有好多褶皱、叠压在一起的宣纸而已。这块碑应该是目前看到的六朝碑刻中保存最好、存字最多的。

这方碑名为天发神谶碑（页 004—005），不过是仿刻的，是辛亥革命前端方在这个碑毁了以后覆刻的作品，嵌在了今天总统府煦园的墙壁上。覆刻的时候他还把宋人胡宗师的跋和自己的题记也刻上去了。原碑是三国孙吴最后一个皇帝孙皓下令刻的。孙皓一开始尚有励精图治之心，但很快就放纵自己了，非常听信天命。例如听说了“青盖入洛”的谶语，以为自己要统一天下了，于是他带着嫔妃、百官，坐着车，过了长江，结果发现根本无法前进。实际上那个谶语的意思是说他的统治没几年了，很快就要被俘虏到洛阳了。与这个碑相似的，在宜兴善卷洞附近的山上还有一块国山碑，现在还立在原地。

我们现在面对的就是萧秀墓的石刻拓片（页 008—012）。东碑的那边是阳面，西碑展示的是阴面。这个阳面我们还可以看出一些字来，但大部分都已经剥裂了，因为南朝帝王陵墓前的石刻用的石材大部分都是产自栖霞山一带的石灰岩，非常容易风化。西碑碑阴密密麻麻的全是字，现在部分字还很清晰，是萧秀故吏的题名。这种题名其实很重要，可以作为研究当时官僚机构成员组成的材料。为什么研究者对这些感兴趣呢？是始于汉碑的研究，人们发现碑阴题名的这些人大部分都是一个或数个姓氏，应该来自一个或数个家族，这些家族都应该是地方上盘根错节的大族。由此，我们就能够看出汉代基层社会的面貌了。

这件是萧景墓的柱额拓片（页 013）。看到萧景的神道柱我就想到一个话题，如今各种书本或解说词里，都把这件东西看作是不同文化的结合体。例如，柱座上的两条小龙组成的是盘螭座，是中国传统的形式；上面的柱身是罗马柱，来自地中海沿岸；最上面的莲花顶盖与佛教有关，整体看起来像阿育王石柱。

我想讲的是这根石柱的柱身上有一圈“绳索纹”，真正的罗马柱上没有这个图案。其实，这是中国自古以来的传统。墓葬的神道上一般树有“标”，原先都是木质的。到后来森林资源匮乏，粗大的木材越来越少，人们就用小型木材捆绑在一起，用绳索绑住，立在那儿作为“标”。我们今天去看一些大型古建筑的柱子很多都是用小型木材拼着箍住的。所以我个人觉得绳索纹是“标”石质化以后留下来的痕迹，不一定非要追溯到希腊、罗马。

这两件是萧绩墓的柱额拓片（页 014—015）。今天，萧绩墓前的石刻只留下一对辟邪、一对石柱，照道理后面还有一对石碑，但早已经没了。辟邪和神道柱后是巨大的水库，墓室应该在修建水库时消失了。

这是萧宏墓的石刻拓片（页 017—019）。萧宏是梁武帝六弟，兄弟二人的感情很好，他的葬礼十分隆重，墓前石刻保存得也好。1984 年，蒋赞初先生当时带我们在南京周边考察时，萧宏墓石刻还全都扑倒在水塘里。后来文保部门把它们提升，捞出来以后垫了基石放在原地，今天更是修建了保护围挡，加上了玻璃罩。但是这样也引申出一个问题，即这样的保护措施是否妥当？萧宏石刻的玻璃墙只遮住了石刻的一半不到，上部还能看到。但是，江宁区上坊的所谓陈霸先万安陵石刻已经全部用玻璃挡住了，这样做其实不利于石刻的保护，尤其是夏天，雨多了就会长青苔，早晚温差大的话石头还会开裂。

所有的神道碑、神道柱的侧面都不是素面的，都有纹饰，这种做法一直影响到唐代。这是早年拓下来的萧宏墓石碑的侧面，有很多图案，做艺术史的对它更感兴趣。这个拿着武器的神兽，风风火火地往前跑，脚趾只有两个，手指头一般也是两到三个。萧宏碑侧上面的神兽就是这样的形象，下方飞起来的神兽也是，这种形象一般被叫作“畏兽”。畏兽用途很多，如果是飞在天上的，手上抓着一圈小锣鼓，那就是雷神；如果是飞在天上，嘴里吐水，那就是雨神；还有就是作为力士。这样的形象太多了，在中古时期非常常见，包括凤鸟、天鹿、青龙、鸾鸟等等。这些在当时被用作装饰图案，十分常见。今后我们在考虑问题的时候，最好不要认为这些装饰图案与墓主会有什么必然的联系。还有，因为看到了碑侧的拜火图案，有人认为这是祆教已经传入江南的证据，我认为做这样的推断还需要更加谨慎。

这是萧暎墓的柱额拓片（页 020），石柱只剩下一根了。我们也许记得南康简王萧绩的石刻，那两件的字全部写在额的中间，这一件则写在了左半边，而其他的一些都是写满的。为什么会有这样的差异？这也是我们今后可以考虑的一个问题。

这一件是造像记（页 022），其实已经超出了今天的主题齐梁陵墓石刻的范畴了。这方造像记上有梁的年号，“孟继孔造像记”，它应该是一个半人高的石碑上的造像记的拓片。石碑上面是各种佛像，下面或者背后要写上是谁造的像，这就是造像记。这一篇文字较短，再长一些的话，就要把每个供养人的名字都写上去，那样才比较有研究价值。“大梁天监四年乙酉二月朔三日，弟子孟继孔，子承基、承业敬为全家常多灾愆，信愿敬造神像一区，令得成就，愿亡者高登三涂，生者早离八难，共出苦门。”天监四年是乙酉年。传统的中国历史干支写法应该是二月某某朔，这是最标准的纪年方法。史书中一般是某年某某月某某是初一（即朔日），然后再写下去。孟继孔及二子是佛弟子，因为家中多灾多难，所以造像祈福。这是一篇非常简短的造像记，字写得挺好，但是内容不好。也许像本身就不大，因为南方地区不流行偶像崇拜。北方黄河中下游地区造像很多，有的造像碑上按照都维那、维那、邑义等排列开来，这样的话就比较有研究意义。还有，我很怀疑这件造像记的真实性，伪刻的可能性不能排除。

这是栖霞山的造像题记（页 023），这个地方有中大通二年的纪年。下次我们有空去栖霞山看的时候，不光要看红叶，如果有可能的话，记得要到窟内仔细看看，里面还有不少北宋人和明人的题记。

这是陈霸先造像记（页 024）。造像记一般是有固定格式的，上为皇帝陛下、皇后、太子、百官，中为七世父母，下为当世众缘。但我相信这里提到的陈霸先一定不是那个建立陈朝的陈霸先。一方面是纪年对不上；另一方面，史书上也没有记载说他是佛教徒。这可能也是一件伪刻，和孟继孔造像记的性质差不多，但仍可算作旧拓。

接下来的两件，是所谓的“二爨”（页 025—026）。这件是爨宝子碑，那边的是爨龙颜碑。碑原来是放在云南昭通的，时间应该是东晋到南朝初年。爨姓是南方民族的地方豪强之一，世袭官职。碑文内容是爨氏首领如何管理这个地方。爨宝子自称他们家世代是宁州刺史，但中原的朝廷还一直往那里派汉人的宁州刺史。所以我们光看历史文献的话就会以为这个地方牢牢地被中央把控，可读了碑文才会发现朝廷鞭长莫及。当时很多被派往宁州任刺史的人都不愿意去。我们在画历史地图的时候总希望疆域越大越好，但真实的历史面貌和我们想的可能不大一样。但是，这里我们也要看到，在宁州那样的偏远地区，当地人竟然开始学汉地立碑，用汉字书写，这也能看出汉文化对他们的影响。不能用一把尺子量天下，人文学科就是这样。

我们看这件梁大同六年千佛碑（页 027），碑额上原本有孔，叫穿，据说穿一开始是为了下葬用的。这个碑的两边各有两个龙头，这是四龙缠绕碑额，是齐梁时期王侯一级能使用的石碑形制，我们今后去现场看一下萧憺碑、萧秀碑就知道了。到唐代就变成六龙缠绕了，皇帝用八龙。我觉得这块碑很可能是一块被再利用的南朝旧碑。旁边有字，最晚的是元朝至元年间的题记。

这里有一件井栏的刻铭（页 028），大同九年的水井，地点不明。跟梁武帝“舍身同泰寺”有关系吗？其实这是一件伪刻。这里需要强调一下，纠正大家的一个错误观点，鸡鸣寺绝不是萧梁时期的同泰寺，同泰寺旧址在今珠江路北玄武区人民政府下面，与今天的鸡鸣寺相距甚远。

明征君碑（页029—030）碑主明僧绍是南朝宋齐之际的人士。此人把自己的宅子捐给僧人，同时请来高僧，募捐开窟造像。如今在成都发现了大批造像，在山东青州龙兴寺遗址和临朐也发现了佛像的窖藏。传统观点认为这些造像都受到了南方栖霞山造像的影响，于是一时间栖霞山造像成为研究热点。可是，东晋南朝时期南方的佛教不崇拜偶像，所以凡是带有大型造像的石窟都不是南方的做法。关于栖霞山佛教造像的缘起问题，南师大的青年教师陆帅曾经提出了一个非常重要的观点。他认为，在栖霞山开窟造像的人当时都是今山东青齐一带人，他们曾被强行带往北魏都城平城，就是今天的山西大同，部分人还参与了云冈石窟的造像活动，后来被北魏皇帝放回原籍，其中有一部分人就迁到了南朝都城建康，而明僧绍与他们有着千丝万缕的联系，他们被称为“青齐土民”，所以主持造像的还是北人。南朝时期南方只有两处石窟寺，一处是栖霞山，另一处是浙江新昌大佛寺，浙江的那处造像最终也未完工。因此早期南方佛教造像的设计、造像艺术依然是来自北方的传统。我们要转换一下传统的思维模式。

（朱智立、魏美强据录音整理，石刻摄影：王腾、邵世海）

·———— 童岭

一、引言

大家都知道南京叫“六朝古都”，和很多概念一样，“六朝”也有狭义、广义之分。狭义的概念用得比较多，就是中国中世纪，或说中国中古时期，六个以南京为都城的地方政权，从三国的东吴开始算起，下面东晋、宋、齐、梁、陈。广义的“六朝”则与另一个概念“魏晋南北朝”对应，也就是包括同时期中国北方的政权，比如曹魏，与东晋对应的十六国，与宋、齐、梁、陈对应的北魏、东魏、西魏、北周、北齐。

需要辨析的概念还有“南朝”“北朝”和“南北朝”。这三个概念最大的差别在于起始时间不同，南朝始于宋武帝刘裕永初元年，也就是420年，但这时还不能说南北朝开始，就像《哈佛中国史》南北朝卷的英文名“China Between Empires”描述的那样，只有一南一北仅剩两个政权的时候，这才是“南北朝”。所以严格意义上南北朝的开始，应该是在五胡十六国的最后一个政权，卢水胡沮渠氏所建立的北凉被灭的439年，这时距南朝的建立已经20年了。《剑桥中国史》第二卷“The Six Dynasties”的副标题是“220-589”，国际学术界用“六朝”指魏晋南北朝，反而更像国内中文系的用法，而非历史系的狭义“六朝”观。220年汉魏禅代，曹丕接受了

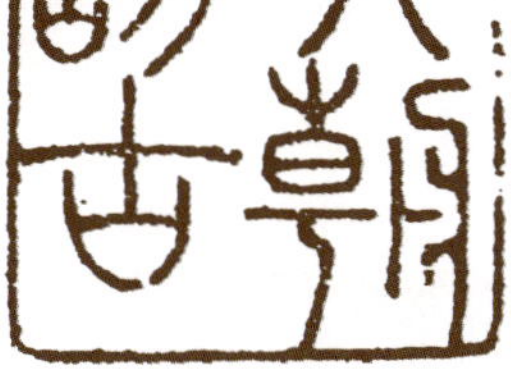
六朝访古（魏宜辉治印）

汉献帝的禅让；589 年，陈后主被隋兵从胭脂井捞出来，这是陈的灭亡，也是南北朝的结束，在隋文帝开皇九年。589 减去 440，149 年，这么多朝代，加起来不到汉唐的一半，却孕育出了后世的文学、艺术、思想……

从疆域来看，南朝的北方边界是在逐渐南移。总的来说，刘宋前期大概能守河控淮；宋中叶至于齐梁，以薛安都降北为分界，南朝转为守淮控江；而大家印象中的偏安“江南”的南朝，实际只是陈一朝。从后世的眼光看，历史的大势当然是北方吞并南方，但在当时却未必如此，纯然文弱的南朝是后人的想象。

我读研究生的时候，在胡阿祥老师指导下，点校过宋人李焘《六朝通鉴博议》，后来也出版了（南京出版社，2007 年版）。这是一部谈了很多从东吴到南陈，南方如何对北方用兵的书，大家有兴趣可以一阅。

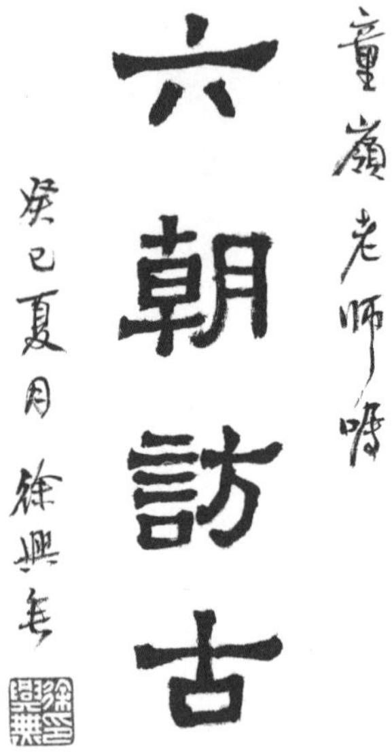

六朝访古（徐兴无书法）

二、“风流”与“无常”

要是今天新闻上出现了“风流”，很大概率不是什么好词；但在魏晋南北朝，或者说广义的六朝的时候，“风流”与现代汉语颇有差异。关于此时段的“风流”，有一篇奠基性的文章，就是冯友兰的《论风流》，冯先生指出“普通以为风流必与男女有关，尤其是必与男女间随便底关系有关，这以为是错误底”。他谈的“风流”是魏晋风流，凭借的资料主要是一部《世说新语》。在今天看来，冯氏这篇文章有“足”也有“不足”，“足”者就是他挑明了什么是风流，“不足”者就是他只用了《世说》，南朝当然也有风流，但是要大家“动手动脚找东西”，到史部、集部里去钩沉线索。冯先生释“真风流”，给了四个关键词：“玄心”“洞见”“妙赏”“深情”。特别是“情”，他认为“真正风流底人”，“对于万物，都有一种深厚底同情”，如果说今日的风流是“喜”，那南朝人的“风流”毋宁说“悲”的成分更大。

释完“风流”，可以举一句和南朝风流最相关的诗，那就是“南朝人物晚唐诗”。这句诗现在很有名，但最早中国人知道这句诗，是周作人在《夜读抄·苦茶庵小文》中说：“大沼枕山句曰‘一种风流吾最爱，南朝人物晚唐诗’，此意余甚喜之，古人不可见，尚得见此古物，亦大幸矣。”今天也是一样，我们见不到南朝人物了，但是可以在南京大学博物馆看到南朝石刻拓本。

周氏兄弟都是留日的，大沼枕山是日本明治时代的汉诗诗人，这句出自其《枕山诗钞》第一编卷下《杂言》：“未甘冷淡作生涯，月榭花台发兴奇。一种风流吾最爱，南朝人物晚唐诗。”先不谈南朝人物，我们看晚唐诗——这个论断是很精当的，大沼枕山到底是明治诗坛的汉诗领袖。诗并不是盛唐时最好，达到极致的诗，是在中晚唐。京都大学荒井健教授 1974 年出版的《杜牧》小册子特别说明了晚唐诗的这一特点。与之对举的，中国人物中谁最有吸引力呢？——南朝人物。可以说，比起魏晋人物更迷人的，是南朝人物。

“无常”，是大乘佛教里的一个重要概念，梵文作“anicca”，巴利文作“anitya”。对“无常”阐释得比较到位的经典，是魏晋南北朝时一部少有的、风行南北的经典——汉译《涅槃经》。《涅槃经》译本比较多，最重要的一部是十六国北凉时期昙无谶所译，被称为“北本”；传到南方的刘宋后，高僧慧观和谢灵运合作，主要对品目进行了调整，被称为“南本”。“涅槃”是大乘佛教的观念，我们知道，现在作为世界性宗教的佛教，并不是梵语的小乘佛教，实际是汉传、汉字撰成的大乘佛教。大乘佛教里有“常”和“无常”这样对应的概念，“无常”的字面意义为变异，指为一切世间万物终将变异，无常存者。此后，对于无常产生了一种解说，强调必须透过刹那生灭中知无常，对此称之为“刹那无常”。

这个观念进入中国时，恰处于迄今为止最乱的一个时代，但却是一个乱而不衰的时代，所以讲乱世文人的人生体验，“一种风流吾最爱，南朝人物晚唐诗”，如果要拎出两个关键词，那么一个是风流，一个是无常。

三、晋的转折

《全晋诗》收有一首童谣："宫门柱，且莫朽，吴当复，在三十年后。"三国中最后一个灭亡的国家是东吴，当时是公元 280 年，三十年后，也就是 310 年。三国很有意思，蜀汉被灭之后蜀地反抗的人很少，吴人却觉得很冤屈，所以让建康的宫门柱减缓腐朽，等待三十年后的复国。二炎精舍藏有一块浙江余姚地区的晋砖，墓主是南方人，但开头 10 个字写到"晋平吴十四年号为元康"，这种被西晋灭国的思想，其实在吴地中下层社会也很盛行。而洛阳朝廷，刻意制造"太平盛世"的努力，也能在吴地的西晋古砖中有矛盾的反映，如卢康华先生拓并题跋的"晋太平元康砖"，大家也可以看一看。

晋平吴古砖（二炎精舍藏）

公元 310 年是很微妙的时候，五胡十六国有的已经崛起，而且进入了八王之乱的末期，西晋诸王自相残杀得差不多了，再过六年，就是晋元帝司马睿南渡，开启"王与马，共天下"的时代。借用今天的流行词汇，这是南中国"文化逆袭"的开始。姚大中先生在 1981 年出版的《南方的奋起》大致也是这个意思。以往中国文化“划分东西”(关西出将，关东出相）的大势，至此一转而彻底变成“南北对峙”，并且从此定格，延续至今。

东晋南朝的文学史上，产生作家最多的是如下“四大家族”:

A 琅琊王氏（太原王氏不及之）

B 陈郡谢氏

C 彭城刘氏

D 南兰陵萧氏

其中又可分为两大组别。A 和 B 是一组，代表门阀世族；C 与 D 是一组，代表东晋之后的皇室成员（南朝陈氏除外，陈朝政权对于上述 A、B、C、D 四家尽可能地实施了打击）。

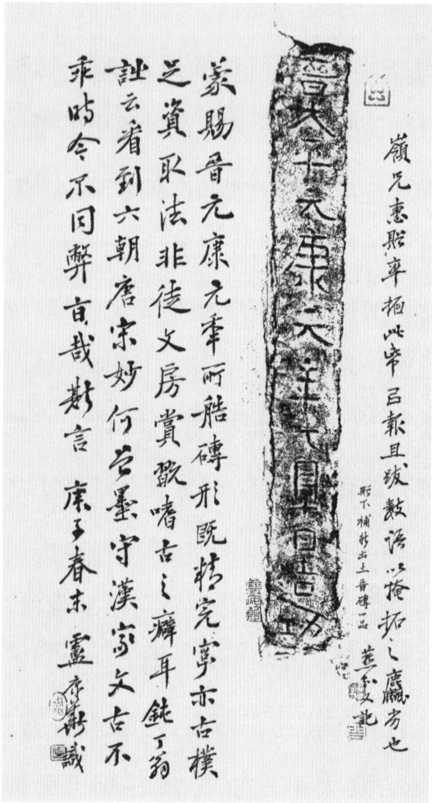

卢康华拓晋太平元康砖并题跋

当然，南朝也确实是乱世，所以另一方面的关键词就是“禅让”与“弑杀”。赵翼《廿二史札记》里有两条很有名的论断，一条叫“江左世族无功臣”，一条叫“南朝多以寒人掌机要”，事实上这两条是互为表里的，“与时推迁，为兴朝佐命，以自保其家世，虽市朝革易，而我之门第如故”的“南朝人物”绝不可能成为皇帝期待中的臣子，“其时高门大族，门户已成，令、仆、三司，可安流平进，不屑竭智尽心，以邀恩宠；且风流相尚，罕以物务关怀，人主遂不能借以集事，于是不得不用寒人”。当时实际是中国最接近“封建”的时代，但是高门大户出于对“文”的追求，自己放弃了对军队的掌控，典型的例子如淝水之战后的陈郡谢氏。

四、气吞万里如虎

南朝的第一个朝代是宋，宋的第一个皇帝是宋武帝刘裕。最近的一期《中华文史论丛》（2019 年第 3 期）上有一篇我的文章《义熙年间刘裕北伐的天命与文学——以傅亮〈为宋公修张良庙教〉〈为宋公修楚元王墓教〉为中心》，谈义熙年间刘裕的北伐，开头我特意引了一段章太炎 1906 年在东京给留学生的演讲，说“中国人物……最可崇拜的，有两个人：一是晋末受禅的刘裕，一是南宋伐金的岳飞”。中古史上被塑造成完美人物的诸葛武侯一生的梦想就是克复中原，无论是正史还是小说都是如此，如所谓六出祁山，但是我们知道他实际并未攻克长安、洛阳。真正收复两京的，却是我们想象中文弱的南朝君主；所以到了另一个宋朝——天水赵宋时期，辛弃疾追思这次少有的以南克北的盛事，写道：“斜阳草树，寻常巷陌，人道寄奴曾住。想当年，金戈铁马，气吞万里如虎！”

409年，刘裕灭南燕，收复山东、淮北；紧接着回师南方，410年平定天师道卢循之乱；412年又收复四川。一直到416年，他讨伐羌人所建的后秦，收复长安、洛阳，在洛阳修复西晋的皇陵，到了长安则修复“自己家”的汉朝皇陵。

后来刘裕引兵南归，《资治通鉴》里说当时的“三秦父老”挽留他说：“残民不沾王化，于今百年，始睹衣冠，人人相贺。长安十陵，是公家坟墓；咸阳宫殿，是公家室宅，舍此，欲何之乎？”刘裕急于南归，引来了后世很多议论，以为他急于篡晋，但是这种观点实际是一种“庸俗政治学”的解读，借美国汉学家何肯《在汉帝国的阴影下》一书中的说法，刘裕是有“重塑中国”的雄心的，他南归更大可能是因为当时留镇建康的刘穆之身亡，担心后方政局不稳。

事实上，对刘裕的这种议论源于对手的诋毁，赫连勃勃的臣下王买德议论说：“关中形胜之地，而以弱才小儿守之，非经远之规也。狼狈而返者，欲速成篡事耳，无暇有意于中原。”最早对这种论调作翻案文章的是吕思勉，他在《两晋

“斜阳草树，寻常巷陌”：宋武帝初宁陵石刻

南北朝史》中说："欲攘外者必先安内……义真虽云年少，留西之精兵良将，不为不多。""义真"指刘义真，是刘裕第二子，被父老质问的刘裕回应说"受命朝廷，不得擅留。感诸君恋本之意，今留第二儿，令文武贤才共镇此境"。然而北方情势复杂，万绳楠整理《陈寅恪魏晋南北朝史讲演录》曾指出："未曾南渡的北人，既受少数族统治者的长期统治，民族意识和其他关系转趋模糊。对于南朝的北伐，也不感兴趣。"我认为陈先生说得非常正确，"遗民泪尽胡尘里，南望王师又一年"在当时并不是普遍状态，而刘义真毕竟是少年，很快失去对局面的控制。

《宋书·武三王传》记录了这么一个故事：

> 义真与左右相失，独逃草中。中兵参军段宏单骑追寻，缘道叫唤，义真识其声，出就之，曰："君非段中兵邪？身在此。"宏大喜，负之而归。义真谓宏曰："今日之事，诚无算略。然丈夫不经此，何以知艰难。"初，高祖闻青泥败，未得义真审问，有前至者访之，并云

赫连勃勃统万城

“暗夜奔败，无以知存亡”。高祖怒甚，克日北伐，谢晦谏不从。及得宏启事，知义真已免，乃止。

段宏虽然姓“段”，但是是鲜卑人，段氏鲜卑是刘裕北伐南燕时候投诚过来的，刘裕这个人度量很大，对于降将也给予了重用，段宏就被派去辅佐刘义真，驻扎在长安。刘义真认出了他的声音，说“身在此”，“身”在中古汉语里就是“吾”，《三国志》里长坂坡一节，张飞说“身是张翼德也，可来共决死”，也就是“我是张翼德”。刘义真的感慨“丈夫不经此，何以知艰难”，是一句很有名的话，但很少有人知道其实出自十几岁的少年之口。

王夫之以宋武帝为汉以后、唐以前最有为的名君。梁代的裴子野在《宋略总论》中说：“宋高祖武皇帝以盖代雄才，起匹夫而并六合。克国得隽，寄迹多于魏武；功施天下，盛德厚于晋宣。怀荒伐叛之劳，而夷边荡险之力，□□百胜，可得而论者矣。”可惜关于刘裕的学术性传记不多，日本学者京都大学的吉川忠夫著有《刘裕：江南の英雄・宋の武帝》；小前亮有一本关于刘裕的小说，但不是学术传记；比起章太炎所举的另一“人物”岳飞冷清了不少。笔者校改本讲演录清样时，李硕先生《楼船铁马刘寄奴》（文津出版社，2020 年版）已经面世，这是一部非常见功力的传记。

宋武帝的轶事是很多的，《南史・宋本纪》载：

> 初，晋陵人韦叟善相术，桓脩令相帝当得州不，叟曰："当得边州刺史。"退而私于帝曰："君相贵不可言。"帝笑曰："若中，当相用为司马。"至是，叟诣帝曰："成王不负桐叶之信，公亦应不忘司马之言。今不敢希镇军司马，愿得领军佐。"于是用焉。

我们看到南朝人真的很会说话。晋陵人韦叟是一位占卜术士。桓氏家族对刘裕很忌惮，因此桓脩派韦叟给刘裕相面。然而，韦叟却对桓脩撒了谎，而对刘裕说了他命中的卦象——"贵不可言"。后来，刘裕代晋称帝，韦叟用"桐叶之封"提醒刘裕当初的承诺，言下之意是周成王天子无戏言，以一片剪成圭形的桐叶封叔虞于唐的典故，韦叟以之比附"司马之言"，然后又退一步，说"不敢希镇军司马，愿得领军佐"就足够了，于是韦叟从士大夫边缘的"术士"，成功跻身于"镇军司马"。

《南北史续世说》：

> 宋武袭江陵，密书招韩延之。延之答书，其略曰：

水经山村南朝失名陵神兽

> “假天长乱，九流浑浊，当与臧洪游于地下，勿复多云。”帝视书太息，以示将佐，曰：“事人当如此。”

这次“宋武袭江陵”的大背景，是刘裕出兵攻击长江上游的司马氏家族司马休之——他是皇室中一位能有能力的人。韩延之正是司马休之的属下。这里，韩延之回复刘裕的招降之信，用了“臧洪”的典故。臧洪是汉末三国时人，最后为袁绍所杀，就对话双方来说，用的是一个近代史的典故。刘裕看到回信后为之长叹息。“事人当如此”，宋武是有魏武的气质的。

宋武帝的初宁陵神兽，目前还在。十年前我与魏宜辉老师带队大学生去麒麟镇参观时，那里还是一个很有 80 年代氛围的小镇子，非常有“斜阳草树，寻常巷陌，人道寄奴曾住”的感觉。最近已经把周围的旧房子都拆除了，神兽当然还在，但今后你们去看时，恐怕就没有“寻常巷陌”的感觉了。

当然，南朝往下发展也是很乱的。

宋武帝的实际继任者宋文帝，他的元嘉之治是南朝的盛世，但是死得很惨烈。南北朝好几个皇帝都是因为欲易储被太子先下手为强，宋文帝也是这样；刘骏当时坐镇长江中游，于是起兵讨伐其兄，随即继位为孝武帝，年号大明，也还算一个小康之世。孝武帝死后，太子刘子业继位。南朝的小皇帝凡是位置坐不稳的，都有共同的特点，就是性情狂暴、难以控制情绪，随意诛杀大臣，引起贵族的集体反感。刘子业就是如此，《宋书·始平孝敬王子鸾传》载：

> 素疾子鸾有宠，既诛群公，乃遣使赐死，时年十岁。子鸾临死，谓左右曰：“愿身不复生王家。”同生弟妹并死，仍葬京口。

刘子业很嫉妒自己的弟弟刘子鸾得宠，于是将其赐死，刘子鸾当时只有十岁，死前说“愿身不复生王家”，这种转世、轮回的观念也是跟随佛教进入中国的。近代罗振玉作《补宋书宗室世系表》：“容甫先生谓，自宋武受终晋室，迄于昇平之末，凡五世六十年。本支百二十九人，其被杀者百二十有一，而骨肉自相屠害者八十。”可以说刘宋开了一个很坏的头，就是宗室内部互相残杀。这可以用皇权和贵族的关系解释，不同于两晋的皇室司马氏，刘氏本身不是大贵族，很难像前朝皇室那样在高门间周旋，这样的政权就很不稳定。

刘宋初期，自武帝朝永初年间到文帝元嘉年间，社会上主要流行经史之学；到了孝武帝大明年间，词赋开始流行。宋文帝元嘉十五年，设儒学、玄学、史学、文学四馆。这是有史以来第一次把“文学”特立一科。

刘宋的人物，我们举一个琅琊王氏的例子。这个人叫王彧，字景文，古人名、字相应，“彧”就是“郁”，“郁郁乎文哉”，所以字景文。但是史书里都只称他的字，这种情况是比较少见的，有的时候是撰写者对于某人特别尊敬，有的是因为避讳。王彧很得宋文帝的宠爱，宋文帝让儿子娶了王彧的妹妹，还想把自己的妹妹许配给王彧，甚至把自己的儿子也取名叫“彧”，这就是后来的宋明帝刘彧。《资治通鉴》载：

> 上（宋明帝）疾笃，虑晏驾之后，皇后临朝，江安懿侯王景文以元舅之势，必为宰相，门族强盛，或有异图。己未，遣使赍药赐景文死，手敕曰：“与卿周旋，欲全卿门户，故有此处分。”敕至，景文正与客棋，叩函看已，复置局下，神色不变，方与客思行争劫。局竟，敛子内奁毕，徐曰：“奉敕见赐以死。”方以敕示客。中直兵焦度、赵智略愤怒，曰：“大丈夫安能坐受死！州中文武数百，足以一奋。”景文曰：“知卿至心；若见念者，为我百口计。”乃作墨启答敕致谢，饮药而卒。

刘宋皇室的门第比不过琅琊王氏——在东晋南朝，皇帝也是贵族阶级的一分子。宋明帝害怕自己死后王氏“门族强盛，或有异图”，就想杀掉王景文。杀人有文杀，有武杀，宋明帝不是拍桌子摔杯为号，而是作手敕赐死——“与卿周旋，欲全卿门户，故有此处分”。“周旋”是魏晋南北朝常用的语词，《世说新语》有名句“我与我周旋久，宁作我”，皇帝就在这个贵族的环境里，所以他写信也用贵族的语言，杀人也用贵族的方式。王景文看了手敕，“神色不变，方与客思行争劫”，“劫”是围棋术语，下围棋也是六朝的风气。一局终了，收好棋子，作启答谢，这才饮药自尽。《南史》的记载比

《资治通鉴》还多一句，很有南朝人的神韵：“乃墨启答敕，并谢赠诏。酌谓客曰：‘此酒不可相劝。’自仰而饮之。”作为六朝超一流贵族的琅琊王氏，到死亡来临的前一刻，都保持了贵族的从容、尊严与“风流”。

对应地，可以看一看陈郡谢氏的例子。谢混是谢安的孙子，谢琰的儿子。《南史·刘敬宣传》载：

> 尚书仆射谢混美才地，少所交纳，与敬宣遇便尽礼。或问混：“卿未尝轻交，而倾盖刘寿，何也？”混曰：“孔文举礼太史子义，天下岂有非之邪？”

刘敬宣是刘牢之的儿子。刘牢之是淝水之战的前锋，当时非常重要的一个武将，但是到了后期局势混乱时，他不知如何自处，倒戈了数次，最后自缢而死，这实际上，是给当时还是北府兵中层军官的刘裕做了反面示例。父亲死后，刘敬宣出奔南燕，一直到刘裕灭燕，特意找回故人之子。刘敬宣长期在山东的鲜卑政权，熟悉马战，归国后南方天师道作乱，恰好吴人畏马，就被他所率投诚的南燕鲜卑骑兵大破。谢混“美才地”，六朝时候赞美人，不光要是人才，也要讲地望，“才地兼美”的谢氏和刘敬宣这样的武人结交，时人很惊讶，就询问原因，谢混回答说：“孔融礼敬太史慈，天下人有非议的么？”这句话第一是回答了对方的问题，第二是把自己跟刘敬宣都表扬了，我自己是孔北海，刘敬宣就是太史慈。

这是南朝人的言语。《南史·谢晦传》载：

> 时谢混风华为江左第一，尝与晦俱在武帝前，帝目之曰："一时顿有两玉人耳。"

谢晦是谢混的侄儿，帝是刘裕，当然这时候他还没称帝。据考订这应该是在北伐之后，大部队还没回南京、驻扎在徐州时，刘裕被赐封宋王，但未接受王号，尚是宋公，不过已经可以开幕府了，当然是饮酒赋诗、宴请名士，谢混、谢晦都在其中。刘裕赞叹谢家子弟是"玉人"，那我们知道后来玉人的意思也有了转变，"二十四桥明月夜，玉人何处教吹箫"，玉人指女性，但在这个时代，"玉山将崩"，这说的也是男性。

然而，谢混终于没有看上刘裕这一介武夫——职业军人。这也是他悲剧的由来。《宋书·谢弘微传》载：

> （谢）混风格高峻，少所交纳，唯与族子灵运、瞻、曜、弘微并以文义赏会。尝共宴处，居在乌衣巷，故谓之乌衣之游，混五言诗所云"昔为乌衣游，戚戚皆亲侄"者也。其外虽复高流时誉，莫敢造门。瞻等才辞辩富，弘微每以约言服之，混特所敬贵，号曰微子。……曰："……数子勉之哉，风流由尔振，如不犯所知，此外无所慎。"灵运等并有诫厉之言，唯弘微独尽褒美。……义熙八年，混以刘毅党见诛，妻晋陵公主改

适琅邪王练，公主虽执意不行，而诏其与谢氏离绝，公主以混家事委之弘微。混仍世宰辅，一门两封，田业十余处，僮仆千人，唯有二女，年数岁。弘微经纪生业，事若在公，一钱尺帛出入，皆有文簿。迁通直郎。高祖受命，晋陵公主降为东乡君，以混得罪前代，东乡君节义可嘉，听还谢氏。自混亡，至是九载，而室宇修整，仓廪充盈，门徒业使，不异平日，田畴垦辟，有加于旧。东乡君叹曰："仆射平生重此子，可谓知人。仆射为不亡矣。"中外姻亲，道俗义旧，见东乡之归者，入门莫不叹息，或为之涕流，感弘微之义也。性严正，举止必循礼度，事继亲之党，恭谨过常。伯叔二母，归宗两姑，晨夕瞻奉，尽其诚敬。内或传语通讯，辄正其衣冠。婢仆之前，不妄言笑，由是尊卑小大，敬之若神。

这一段很长，但很重要，让我们耐心读完。透过谢弘微，我们可以看到晋宋之际贵族的身处，也可以进一步理解魏晋风流。刘毅和刘裕同是讨伐桓玄的名将——刘毅也是北

金王陈南齐失名陵神兽

府兵集团中最不服刘裕的人。刘毅后来和贵族走得更近。义熙八年，谢混即以刘毅党见诛，这是刘裕在司马氏以外铲除的最大的贵族——谢混的爷爷就是谢安，又尚孝武帝司马曜之女晋陵公主。杀了谢混之后，刘裕就以皇室的名义下诏，令公主改嫁，从陈郡谢氏改适琅琊王氏，唐及唐以前改嫁是很常见的；如此，晋陵公主就把家事委托给谢弘微。谢弘微“经纪生业，事若在公，一钱尺帛出入，皆有文簿”，可见魏晋风流绝不止是披头散发、饮酒作诗，风流是有两面的，典型的例子如谢氏的先祖谢安、谢玄等，笑傲东山、携妓饮酒谁都能做到，但苻坚百万大军在前，指挥若定，这才是最大的风流。香港著名小说家黄易以东晋十六国为背景，创作了荡气回肠的长篇小说《边荒传说》，很不容易。

《世说新语》里的描述被符号化定格以后，似乎风流就等同于嗑药、携妓、痛饮酒……实际远不是如此。贵族不是不能做好琐屑杂务，只是不愿为一己之利益做这样的事。谢弘微“性严正，举止必循礼度，事继亲之党，恭谨过常。伯叔二母，归宗两姑，晨夕瞻奉，尽其诚敬。内或传语通讯，辄正其衣冠”。这是典型的儒家的说法，一般认为六朝玄学大盛，但这也是礼学最发达的时代，在前的汉、在后的唐都不如，我们不能以几个极端个案，来说六朝人就都是放浪不羁。放浪不羁的人当然也有，但是也有很严整的人，放浪和严整两种相反的性格完美地集中在一个人身上，这才是真“风流”。

《南史》卷三十《何尚之传》记有一件好玩的事情，这是南朝最强的“路人甲”：

> 尚之爱尚文义，老而不休。与太常颜延之少相好狎，二人并短小，尚之常谓延之为猿，延之目尚之为猴。同游太子西池，延之问路人云：“吾二人谁似猴?”路人指尚之为似。延之喜笑，路人曰：“彼似猴耳，君乃真猴。”

倘若超越回到东晋、南朝初期的建康城，大街上随便找一个“路人甲”，你也许就会遇到一个风趣、风流的人。

五、最短的盛世——南齐

南齐的开国皇帝萧道成，字绍伯，小字斗将，原是刘宋的外戚。宋明帝时，以萧道成为假冠军将军、行徐州刺史、镇守淮阴，旋升为南兖州刺史。自云“吾本布衣素族，念不到此”，“使我治天下十年，当使黄金与土同价”，然而实际在位只有四年。齐武帝萧赜，曾经助其父夺位，历任州郡，颇有统治经验，所以《南齐书》评价说：“永明之世，十许年中，百姓无鸡鸣犬吠之警。”

南齐也是六朝中最短的一朝，国脉只有23年。《梁书·武帝纪上》说齐梁之际，“内难九兴，外寇三作”，这是一个乱世，但我也要强调，这是乱世，却不是衰世，南朝真正的衰要等到一个腰斩性的事件，也就是我们下面要讲到的侯景之乱。

南齐时代的大背景很关键，当时的情况是北方政权不再停留在漠北，北魏孝文帝迁都洛阳，而且积极实行汉化，要跟南方争正统。孝文帝南迁找的借口就是讨伐南齐，结果走到一半宣布定都洛阳，对南方王朝的压力骤增。所以南方政权的保持，一定是更加强调它作为文化中国的正统，但是南齐又是一个士庶区别愈演愈烈的时代，所以齐武帝叹："士大夫故非天子所命。"

我的硕士论文是《南齐时代的文学与思想》，附录是我利用日本的一个版本的《南齐书》，对现行的中华书局的《南齐书》做了一个整体的校勘，后来中华书局二十四史的修订本《南齐书》，采纳了我几条意见，所以我对六朝最短的这个朝代也充满了感情。

南齐这个时代，在文学上很有特色。最近我在编辑今

齐景帝萧道生修安陵神兽

年秋天在统万城召开的会议的论文集《大夏与北魏文化史论丛》，在《编后记》中我写道：

> 赫连氏建立的大夏（407—431），这样一个中国历史上昙花一现的流星匈奴王国，虽然存在时间（24年）与六朝国脉最短的南齐（479—502）差不多（23年），但就存世之典“籍”来看，大夏则远逊于南齐。

南齐，这个六朝南方政权最短的王朝，在文学史与典籍史上有不可磨灭的辉煌贡献。可以说，没有南齐这23年，就不会有唐诗。众所周知，中国文学如果拿到世界文学之林，举几个代表的话，唐诗是肯定要举的，而就像歌德讲的，最好看的舞蹈一定是戴着“镣铐”跳的。唐诗的这个“镣铐”就是格律，而格律诗的胚胎就是“永明体”，永明是齐武帝的年号。不仅文学，南齐在艺术上也有很重要的作品，比如《五星二十八宿神行图》，这跟中国传统的天文信仰有关。所以宗白华《美学散步》说这“是精神上极自由、极解放，最富于智慧、最浓于热情的一个时代”。我想这也印证了我的说法，这是乱世，但不是衰世，这是一个思想非常活跃的时代。《五星二十八宿神行图》已佚，现存只有唐人摹本，藏于大阪市立美术馆。2016年春季学期，复旦大学余欣先生和我都在京都大学人文科学研究所客座，我俩还一起专程去了大阪市立美术馆参观。我个人特别喜欢这一幅源自南齐的名画，因此我主编的《秦汉魏晋南北朝经籍考》一书，书腰就用了这幅图。

“五星”里面最重要的，跟中古的禅代等关系很大的是荧惑。“荧惑星神食火。祭用血肉酒，器用赤铜，币用赤，杀牲衅血，祭具战器鼓舞，然后祭之。忌哭泣，善事荧惑。娇暴公子。荧惑庙可致军门。”荧惑星神在目前的残卷中排在第五个，他有六个手，各持兵器法宝，骑在一匹马（驴）上。残卷最后是“危星神”，虎头人身，顶骷髅冠，浑身铠甲，左手持斧，右手持刀。大阪市立美术馆把他做成了明信片。

南齐时代的人物风流故事也很多，《南史·王僧虔传》就记载南齐高帝与琅琊王氏争法书之名，说：

> 高帝素善书，笃好不已，与僧虔赌书毕，谓曰：“谁为第一？”对曰：“臣书第一，陛下亦第一。”帝笑曰：“卿可谓善自为谋。”或云帝问：“我书何如卿？”答曰：“臣正书第一，草书第二；陛下草书第二，而正书第三。臣无第三，陛下无第一。”帝大笑曰：“卿善为辞；然天下有道，丘不与易也。”

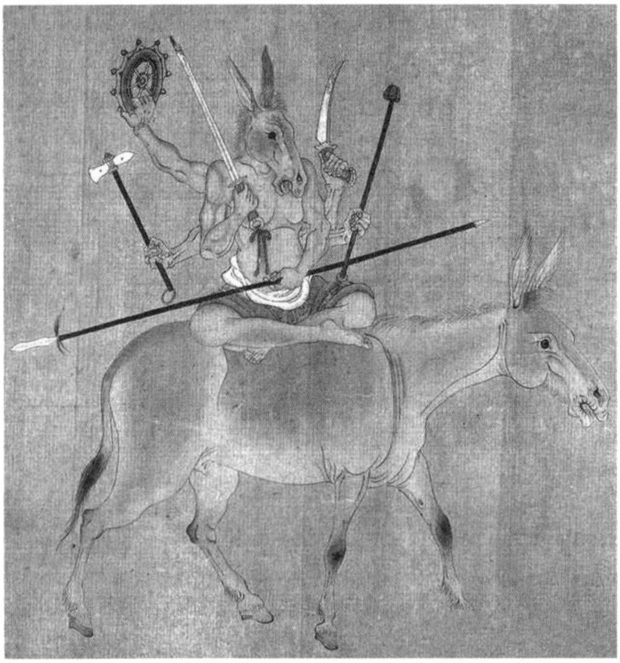

荧惑星神

王僧虔是王羲之的四世孙。这个故事有两个版本，《南齐书》里也有记载，但是《南齐书》的作者萧子显为祖上讳，就没写这么详细，我这里采用的是《南史》的版本。读完之后大家可能会想到南京莫愁湖的胜棋楼，朱元璋与徐达赌棋的故事，朱元璋自以为赢，调转棋局发现徐达用棋子布成了“万岁”二字。因为明朝君主专制强化，臣下不敢与皇上争，但是在六朝这个贵族制时代情况却不同。王僧虔面对齐高帝的答词之中，自有一种作为王谢贵族的自信。

还有一个成语叫“周妻何肉”，可能大家没怎么听过这个成语，所以谈风流不仅仅是在《世说新语》一部书而已，最大的风流反而在南朝的几部正史里面。《南齐书·周颙传》载：

危星神

> 文惠太子问颙：“菜食何味最胜？”颙曰：“春初早韭，秋末晚菘。”时何胤亦精信佛法，无妻妾。太子又问颙：“卿精进何如何胤？”颙曰：“三途八难，共所未免。然各有其累。”太子曰：“所累伊何？”对曰：“周妻何肉。”

周颙与何胤均信佛，文惠太子意欲比评二者，我们知道这种比较的风气从汉末月旦评以来就很盛行。那么如果直接在比较的时候说谁比谁好，那别人以后肯定再也不会问你，一定要用另外一个话题转过来。比如前面所举齐高帝与琅琊王氏争法书之名的例子。所以周颙避而谈“各有其累”——因为他们一位有妻室，另一位喜欢吃肉。这里面出现的“三途八难”，典出《六十华严》。《六十华严》由东晋天竺高僧佛驮跋陀罗译出。武周时叉难陀应武则天之请，从于阗国携入《八十华严》之梵本，自证圣元年（695）三月，于遍空寺内始译，又称“新华严”。三途即火途（地狱道）、血途（畜生道）、刀途（饿鬼道）。八难指不得遇佛、不闻正法等八种障难，其中有一难叫“在长寿天难”，中国人传统思想里面有一种就是长寿，但注意不是长生，不恰当的长生在《华严经》里是一种折磨。

文惠太子，是齐武帝早死的长子萧长懋，造成南齐国祚短促的一个重要原因就是齐武帝没有立次子萧子良，而是立了太孙萧昭业，临死前令萧子良辅政，却又令高帝次兄萧道生之子萧鸾总管尚书事，掌握实权，种下了南齐后世宗室残杀的祸根。后来齐明帝上台，对高、武子孙进行了大肆

齐武帝景安陵神兽

屠杀，《廿二史札记》卷十二专门有一条叫“齐明帝杀高、武子孙”，京都大学学者森鹿三也将其称为“中国的麦克白（Macbeth）时代”。又，北魏孝文帝举兵南向，南齐沔北五郡南阳、新野等，皆入于北魏；永元年间，豫章刺史裴叔业侄儿裴植，以寿春降于北魏，南齐又失淮南。齐明帝晚年，政局陷入内外交困。

关于文惠太子的早死，《南史·齐本纪》说：

> 武帝时有小史姓皇名太子，武帝曰：“皇太子，非名之谓。”于是移点于外，易名为犬子。处士何点曰：“太子者，天地之所悬，三才之所系，今化而为犬，不得立矣。”既而文惠太子薨，郁林、海陵相继废黜，此其验也。

这段史料也不见于《南齐书》。现在栖霞山还有文惠太子“无量殿”。另外栖霞山也被称为“东敦煌”，千佛岩102龛还有南朝飞天，所以不要以为只有北方有敦煌，南朝也有很

齐明帝萧鸾兴安陵神兽背部

漂亮的飞天。

南齐的士人风尚我们还可以举一个例子。《南史》卷三七《沈昭略传》：

> （沈昭略）性狂俊，不事公卿，使酒仗气，无所推下。尝醉，晚日负杖携家宾子弟至娄湖苑，逢王景文子约，张目视之曰："汝是王约邪？何乃肥而痴！"约曰："汝沈昭略邪？何乃瘦而狂！"昭略抚掌大笑曰："瘦已胜肥，狂又胜痴，奈何王约，奈汝痴何！"

这里涉及琅琊王氏的体态特征：肥。王氏在南朝两支最有名：琅琊王、太原王。其中，太原王氏的特征则是酒糟鼻。史传王慧龙遭刘裕追杀，逃往北魏，自称太原王氏，但是衣衫褴褛且空口无凭，无人相信，但是北方第一高门的崔氏之崔浩却认定王慧龙为太原王氏之后，理由即太原王氏有酒糟鼻。

栖霞寺南朝飞天

六、梁武帝的繁华幻境

萧衍，字叔达，小字练儿，宋孝武帝大明八年（464）出生于同夏里三桥宅。当时的琅琊王俭评价萧衍说："此萧郎三十内，当作侍中，出此则贵不可言。"建武元年（494），萧衍为宁朔将军，镇寿春。后一年解义阳之围。建武四年七月，因为齐明帝不信任自己的子孙，因此在死前六天，任命萧衍为辅国将军、雍州刺史、都督雍梁南北秦四州及郢州竟陵郡、司州随郡诸军事，把长江中上游的军事权力全部交给了萧衍，所以萧衍才能够一路攻入建康，施行禅让。

天监元年（502）四月，萧衍即皇帝位于建康，直到太清三年（549），称帝凡四十八年。梁武帝执政的前期是南朝的黄金时代（政治、经济、文化），《梁书·武帝纪赞》云："自魏晋以降，未或有焉。"

梁武帝的兄弟关系比较复杂。同母兄弟有萧懿（追封长沙宣武王，子萧渊藻、萧渊明）、萧敷（追封永阳昭王）、萧畅（追封衡阳宣王）。其中大哥萧懿在梁武帝起兵前，在南京做高官，梁武帝却写明信给萧懿说东昏侯无道，要他废黜萧宝卷，结果导致萧懿为东昏侯所杀，萧衍又随即以此为由起兵。根据我个人读史书的感觉，梁武帝对萧懿是很内疚的，因为他需要一个起兵的理由。所以之后萧懿之子萧渊明不论做了多少坏事，甚至投降到北朝，但只要他回来，梁武帝还是照样给他官复原职。

梁武帝的同父异母弟有萧融（被东昏侯萧宝卷所杀，追封桂阳简王，石刻存）、萧宏（临川靖惠王，石刻、石柱、石碑等存）、萧秀（安成康王，石刻、石柱、石碑等存）、萧伟（南平元襄王，石柱存）、萧恢（鄱阳忠烈王，石刻存）、萧憺（始兴忠武王，石刻、石碑存）。其中萧宏、萧秀、萧伟、萧恢、萧憺五人，又被收入《梁书·太祖五王传》，他们都死于梁武帝之前，因此陵墓都造得很大，因为梁武帝时期也算是南朝的盛世，然而梁武帝自己的陵墓很小。萧宏的墓离我们南京大学很近，就在学则路地铁站南，这次展览也有萧宏墓的石刻拓本，拓的是神道西碑侧面的畏兽，其中很多都是北朝风格，可见当时南北虽然是战争状态，但是丝毫不影响文化交流，西域的一些风格也通过北朝传到南朝来。萧憺墓始兴忠武王碑今存，康有为在《广艺舟双辑》中就认为“贝义渊书始兴王碑，则长枪大戟，实启率更。其碑千余字，完好者三分之二，尤为异宝”。学碑的人都知道魏碑，其实南碑更好。梁武帝还有一个堂弟萧景（吴平忠侯，石

萧融墓神兽

刻、石柱存），我们南京大学的校徽，包括南京很多的标志，原型都是萧景墓前的石刻。

南朝石刻艺术最重要的，除了始兴忠武王碑，就是《瘗鹤铭》，龚自珍说："南书无过《瘗鹤铭》。"关于《瘗鹤铭》的作者，唐孙处玄《润州图经》以为王羲之书，黄庭坚、钱升、乾隆持此说。黄伯思、陶宗仪、顾炎武等均持陶弘景说。康有为："梁碑则《瘗鹤铭》为贞白之书，最著人间。"贞白也就是陶弘景。胡小石先生说："梁代重大王书，武帝与陶弘景皆学王书。"黄季刚先生也很推崇《瘗鹤铭》。

陈邦福《碑版研究法》稿本说：

> 黄长睿《东观余论》云："朱方鹤铭，陶贞白书，在焦山下，石顽难刊，且为水泐，故字无锋颖。若拙笔书，昧者从而学之，深可一笑。"福谓《瘗鹤铭》笔意以气势胜，不以姿态显，古人摩岩大刻，本与平面碑石之能锋芒毕露，迥不相同也，黄氏之说未允。

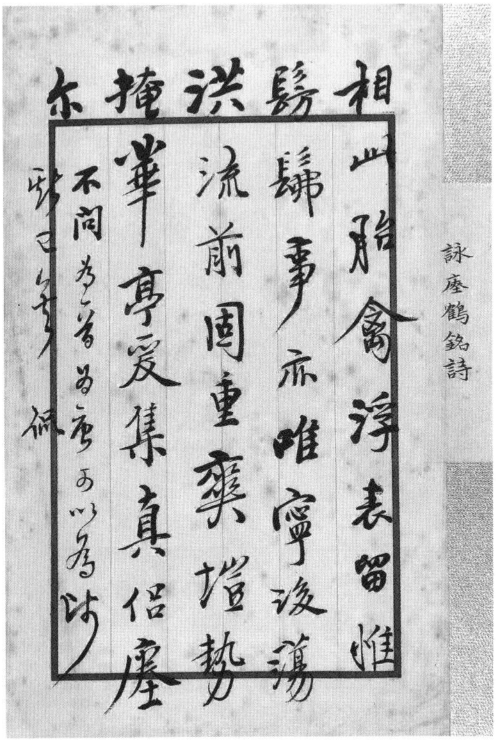

黄侃《咏瘗鹤铭诗》

黄伯思《东观余论》认为《瘗鹤铭》因为在水里，所以字无锋颖，但陈先生认为不对，说"古人摩岩大刻，本与平面碑石之能锋芒毕露，迥不相同也”，其实书法的大小决定了书法艺术的很多方面。

我们再看梁的贵族与风流，举一个谢氏的例子，《南史》卷二十载：

> （谢）譓不妄交接，门无杂宾，有时独醉，曰：“入吾室者但有清风，对吾饮者唯当明月。”

贵族的话一定很少，只是低头喝酒。李白说“举杯邀明月，对影成三人”，只有读过《南史》，然后明白李白非常心仪陈郡谢氏，才会了解李白这句诗的出处是在哪儿。

梁武帝后期，南朝逐渐由乱世进入到衰世，其中一个重要事件就是侯景之乱。庾信《哀江南赋》云：“五十年中，江表无事。”然而这一切的繁华盛世，都因“侯景之乱”而灰飞烟灭。侯景虽然取着汉式姓名，但据姚薇元《北朝胡姓考》，是本姓“胡引氏”的羯族人。太清元年（547），侯景自东魏投奔梁朝（侯景管辖河南十三州，此事件打破了南北朝4世纪以来的平衡关系），跟随他南下投降的鲜卑骑兵虽然不多，但都是久经沙场的悍将。

当时的许多大臣都劝梁武帝不能接受这个人的投降，但是梁武帝还是接受了他的投降，让他驻扎在离建康不远的一个重镇寿阳。太清二年（548）八月，侯景接受谋士王伟“兵闻拙速，不闻工迟”之建议，率领“铁面骑兵”快速由寿阳举兵反，攻入建康。太清三年（549）三月，建康宫城被攻陷。同年五月，梁武帝崩。

颜之推《观我生赋》说：“武皇忽以厌世，白日黯而无光。既飨国而五十，何克终之弗康？”侯景之乱的主要原因，除了通常所谓承平日久与武帝笃信佛教之外还有什么？川胜义雄认为我们的眼光要拉出梁朝，侯景之乱后的大乱局，是南朝贵族社会一个总清算期，也是社会秩序的重新组合期。侯景之乱，不仅是南朝史的转捩点，也是中国中世贵族制的转捩点。北朝势力扩展至长江中游及上游北岸。这个时候，历史上的大势基本上就是北统一南了。

南朝的文人吴均有诗：“丹梁翠柱飞流苏，香薪桂火炊雕胡。当年翻覆无常定，薄命为女何必粗。”这首诗《玉台新咏》卷九作者署费昶，也是“翻覆无常”这一成语的出处。这也可以看出从乱世进入到衰世时期，文人对大乘佛教无常的这样一种感受更加明显。

梁简文帝还有一个诗谶见于《南史·侯景传》：

> 初，简文《寒夕》诗云：“雪花无有蒂，冰镜不安台。”又《咏月》云：“飞轮了无辙，明镜不安台。”后人以为诗谶，谓无蒂者，是无帝。不安台者，台城不安。轮无辙者，以邵陵名纶，空有赴援名也。

梁简文帝文采也很好，我们知道南朝的两部重要文学典籍，其中《玉台新咏》虽然署名是徐陵，但实际是在梁简文帝授意之下完成的。梁简文帝死得也很惨，被侯景杀掉了。梁简文帝的儿子也死于侯景之乱，就是梁哀太子萧大器，见于《南史·梁简文帝诸子列传》：

洛阳博物馆藏鲜卑武士骑马俑

太子性宽和，兼神用端嶷，在贼中每不屈意。左右窃问其故，答曰："贼若未须见杀，虽复陵慠呵叱，其终不敢言。若见害时至，虽一日百拜，无益于死。"问者又曰："官今忧逼而神貌怡然，未喻此意。"答曰："吾自度死必在贼前，若诸叔外来，平夷羯寇，必前见杀，然后就死。若其遂开拓上流，必先见杀，后取富贵。何能以无益之愁，横忧必死之命？"景之西上，携太子同行，及败归，船往往相失。所乘船入枞阳浦，舟中腹心并劝因此入北。太子曰："自国家丧败，志不图生。主上蒙尘，宁忍违离。吾今若去，乃是叛父，非谓避贼。天下岂有无父之国？”便涕泗呜咽，命即前进。贼以太子有器度，每惮之。恐为后患，故先及祸。

“何能以无益之愁，横忧必死之命”，也是六朝贵族面对乱世之中生死之事的坦然。后来萧大器果然先死，被追为梁哀太子。

关于梁朝的悲剧，传统的文人无法解释它，梁的盛世怎么说没就没了？史学家的解释已经比较多了。我再找一种小说的解释给大家看，明末清初天花藏主人的小说《梁武帝演义》：

（玉帝）宣旨道：“下界苍生劫运将萌，即今齐主子孙不久荒淫失德，国亦渐促。萧顺之既是齐主本族之弟，可传旨意，即着百花神拣选有德名花二种降生下界，男生萧室，女生郗门。成其姻眷，代续齐朝。”

（如来唤蒲罗尊者与水大明王）道：“今玉帝有旨，将你二人往东土降生，此系劫运因缘，正好明心见性，不可错过。”

梁简文帝庄陵神兽

传统文人无法解释梁武帝的繁华幻境，于是这里用了一种劫运的说法。

集中体现南朝文学成就的两部典籍，均诞生于梁代。其中第一部要算昭明太子萧统所编《文选》，第二部则是昭明太子的弟弟萧纲命令徐陵等编纂的《玉台新咏》。这两部作品很早就超越了国度，首先影响朝鲜半岛，随后传播至日本列岛，产生了东亚“汉文化圈”的整体影响力。

《文选》的话题太广了，今天不能展开细说，我给南京大学文学院专门开设“《文选》研究”的选修课，一学期都觉得时间不够讲。本书后章《鲜卑铁骑下的游吟诗人》正是对这一话题的一点延伸。给大家看一幅我在日本国立历史民俗博物馆拍摄到的《年号勘文》重要钞本，其中有大量出自《文选》的年号备案。

水上雅晴、高田宗平两位先生在今年4月编辑出版了《年号与东亚：改元的思想与文化》（八木出版社），里面收有我一篇论文。日本年号的出典一定是中国的五经、《史记》、《汉书》，一般集部不会作为备选年号的来源，《文选》是唯一能作为年号出处的集部典籍。《元秘抄》《年号事》《年号勘文》等大量文献都有来自中国南朝《文选》的出典。

梁武帝修陵神兽背部

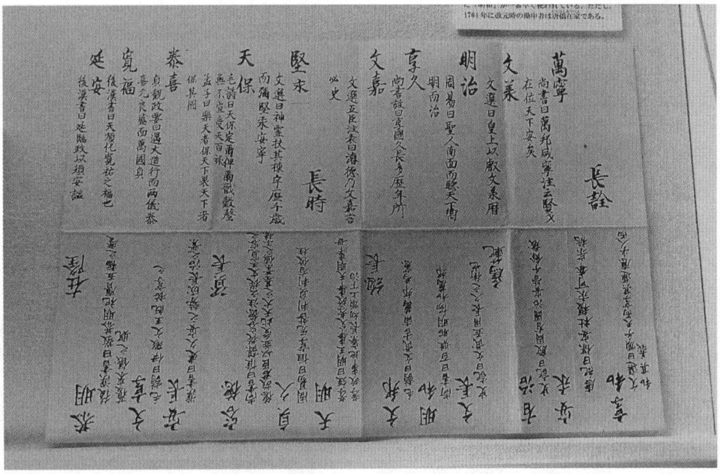

日本国立历史民俗博物馆藏《年号勘文》钞本

七、南朝的终焉

陈霸先（503—559），吴兴长城下若里人，家世低微，是纯粹的江南出生的因军功而崛起的武人。由于侯景之乱，支撑南朝的贵族社会逐渐崩溃，陈霸先上台以后需要寻找新的理论依据作为正统性的来源，于是宣称得到了“佛牙”。关于这个问题，日本的佛教史研究专家塚本善隆有一篇名文《陈の佛牙と革命》(《东方学报》第19册)。陈武、陈文、陈宣诸帝都是“奉佛天子”。南大博物馆所藏这份著录为《梁中大同三年陈霸先造像记》的拓本，前辈学者从纪年等角度考察，认为有伪刻之疑。然而我想强调的是，石刻上是“中大同”，不是大家认为的“中大通”。虽然正统纪年“中大同”只有一年而已，但如果顺延到“中大同三年”，那就是实际的“太清二年”，这一年十月，侯景攻入建康。该年太岁就是戊辰。“丙”或为“戊”之误刻。梁武帝晚年遭遇侯景之乱，建康与地方信息沟通不便。地方势力极有可能

2013年狮子冲南朝大墓考古发掘现场

为了宣示正统而继续使用这个年号。这个情况让我想起今年10月在首尔参观了朝鲜王室碑拓展，碑文纪年使用崇祯后90年、100年的比比皆是。

本次展览，另有一份“梁大同九年”的井栏拓本，存在真伪异说，对此我另有文章考证，此不赘述。

除了帝室，我在读《陈书》的时候，读到梁末陈初南朝夫妇的一段奇缘故事，也让我很感慨。这个故事见于《陈书·徐孝克传》：

> 梁末，侯景寇乱，京邑大饥，饿死者十八九。孝克养母，饘粥不能给，妻东莞臧氏，领军将军臧盾之女也，甚有容色，孝克乃谓之曰：“今饥荒如此，供养交阙，欲嫁卿与富人，望彼此俱济，于卿意如何？”臧氏弗之许也。时有孔景行者，为侯景将，富于财，孝克密因媒者陈意，景行多从左右，逼而迎之，臧涕泣而去，所得谷帛，悉以供养。孝克又剃发为沙门，改名法整，兼乞食以充给焉。臧氏亦深念旧恩，数私致馈饷，故不乏绝。后景行战死，臧伺孝克于途中，累日乃见，谓孝克曰：“往日之事，非为相负，今既得脱，当归供养。”孝克默然无答。于是归俗，更为夫妻。

徐孝克，就是《玉台新咏》编者徐陵的弟弟。他的这一段离奇色彩的夫妇重合，在整个南朝被侯景之乱腰斩的一个大的乱世中结局相对来说还比较好，总归最后还是在一起了，但是大部分人是没有这样的。

乱世中武将的身世浮沉也飘渺不定，比如很多武将，《陈书·周文育传》记载了陈霸先的武将周文育的一个故事：

> 文育欲与劢俱下，至大庾岭诣卜者，卜者曰："君北下不过作令长，南入则为公侯。"文育曰："足钱便可，谁望公侯。"

周文育，本名猛奴，义兴阳羡人，少年丧父，不乐诗书，但勇冠三军。文中的劢是琅琊王劢。两人本来一起从岭南回建康，到了大庾岭后，一位术士劝周文育不要去建康，回岭南则贵不可言。当晚周文育赌博得了二千两，认为有了钱就没必要去帝都建康了，就回到南方当了陈霸先麾下战将，而果然因为作战勇猛，官拜镇南将军、开府仪同三司，死后追赠侍中、司空，辗转应了术士的"公侯"之验。

隋开皇八年（588）三月，隋文帝颁《伐陈诏》，同年十月，晋王杨广出任淮南行台尚书令，高颎任元帅长史，大举伐陈。开皇九年（589）正月隋军攻克六朝都城建康（韩擒虎、贺若弼部队），平定陈境，结束了长达四百年的魏晋南北朝时代。

八、南朝不朽的气韵

589 年，隋军平定陈境，标志了南朝的灭亡，但作为符号的南朝却没有消失，典型的我们今天这个展就叫“南朝气韵”。当然这是在中国的南京，南朝的旧都，而南朝在整个东亚历史上，我认为不仅没有消失，还传播得很广。

早期日本文学走的是两条路，一条是汉诗，以公元 751 年的《怀风藻》为最早；另一条则是和歌，以约成书于公元 759 年的《万叶集》为鼻祖。前者毋庸置疑是深入研习中国的齐梁诗，这已是学界定论，如《本朝一人一首》中说《怀风藻》诗人“唯慕《文选》古诗”。和歌则融合了南朝的两种思想，即风流所代表的文学思想和无常所代表的大乘佛教观。

虽然陈被灭，隋及初唐的几位皇帝也在正史中对南朝的文学风气进行了巨大的批判，但是南朝的美学，不仅在中国有很多人喜欢，而且漂洋过海，在日本生根发芽。

我们知道佛经反对淫欲，但是注意，佛经并不反对淫欲的描写。如支谶译《道行般若经》有“般若波罗蜜亦无如是，譬如梦中与女人通，视之本无”。早期汉魏音译尽量避免一些引起儒生尴尬的词，如译“拥抱”ālingana 为“阿梨宜”，译“接吻”ācumbana 为“阿众鞞”。到了东晋十六国，为了强调忠实于梵文，轻艳文字全部照译。

佛经的传译对齐梁诗以及六朝小说都有很大影响，比如竺法护《普曜经》译波旬魔女引诱菩萨之文，昙无谶《佛所行赞》译宫女以情欲动摇佛太子事等等。所以齐梁文学，如宫体诗，后人评价"止乎衽席之间"，但这是为什么？值得注意的是，齐梁时代读这些佛经、写这些宫体诗的人本身都很严整，但他们为什么会写作这些？这就是反对淫欲和反对淫欲描写是两个概念。梁武帝本人经历宋、齐两世，对当时尤其是南齐末年的荒淫世风非常警惕。但梁武帝本人的写作包括《欢闻歌》"艳艳金楼女，心如玉池莲。持底报郎恩，俱期游梵天"，以及莫愁湖公园里题作梁武帝的"河中之水向东流，洛阳女儿名莫愁"。为什么一个生活上很严谨的人会写这样的诗？这就跟所谓的"相""常相""异相""无常"等观念都有关系，南朝有一部重要的佛经就叫《经律异相》。大家可以翻一翻。

我们回到这种观念对东亚的影响。《万叶集》的分类很简单，只有"杂歌""挽歌""相闻"三部，都有《文选》诗歌分类的影子。其中"杂歌""挽歌"中体现的孤寂、风流，与《文选》气息相通。《万叶集》"相闻"部的起名，让人联想到南朝的张敷，沈约《宋书》说他："善持音仪，尽详缓之致。与人别，执手曰：'念相闻。'余响久之不绝。"也是南朝的风流人物之一。

最后再谈一点与南朝风流、无常有关，影响到东亚文学的"色恋"观。比如萧纲本人描写春景的《十空诗·如影》

云："息形影方止，逐物虑恒侵。"在他眼中，晚春的"色"与世界的"空"是一致的。又如其《桃红李白》诗所写的美女，对于无常变幻的南朝世界，她"不惜暂住君前死"。这种落花式的刹那与永恒，是日本文学后世的母题之一。要而言之，南朝君臣们对季节变迁、女性容貌敏锐的感觉，以及对"色"的世界的耽溺，是对"诗赋欲丽"的更一步细化，也深深感染了早期的日本诗人。如《石田王卒之时丹生女王作歌并短歌》先云："王子如柔竹，秀美有尊严。"对于其死则云："如此后悔事，竟忘人世间。"南朝文学的风流与大乘佛教无常的结合，影响了东亚汉文学，也一直影响到今天。

（李晔、陈秋据录音整理，图片摄影：魏宜辉、童岭、谈佳璇）

陈霸先万安陵神兽与现代建筑工地

回溯六朝事

第四讲
山围故国三题

· 程章灿

以讹传讹的萧景墓

南京的六朝陵墓石刻中，位于栖霞区十月村农田之中的萧景墓石刻，是最为知名的一处。因为它就在栖霞大道边上，四周是一片开阔的田野，无遮无拦，车来车往，很方便寻访。萧景（477—523），字子昭，是梁武帝萧衍叔父萧崇之的儿子。这样论起来，他应该算是萧衍的堂弟。梁朝建立之后，他很受梁武帝器重，虽然不是亲兄弟，却非常受信任。很多军国大事，梁武帝都跟他商量。梁武帝还派他驻守军事要地，掌权领兵，独当一面，待他跟亲兄弟一样。可惜，普通四年（523）他就去世了，享年才四十七岁。他生前曾受封为吴平县侯，死后追赠侍中、中抚将军、开府仪同三司，谥曰忠，所以，史书上又称他为“吴平忠侯”。他是在郢州刺史任上去世的，初葬于江夏（今湖北武汉），后来才迁葬建康（今南京）。

除了雕刻得栩栩如生的辟邪，萧景墓前还有一根石柱，巍然立于田野之中。石柱通高 6.50 米，柱围 2.48 米。柱头有一个圆盖，有覆莲纹的装饰。圆盖之上，屹立着一只小辟邪，头顶蓝天白云，高瞻远瞩，作长啸状。石柱雕刻隐陷直刳棱纹 24 道，有点像罗马柱。柱身上方接近圆盖处，有一个长方形柱额，可以看出是汉代碑额的变形。上面反刻着“梁故侍中、中抚将军、开府仪同三司、吴平忠侯萧公之神道”，虽然是反书，但字划清晰，结构严整，堪称书法精品，肯定出自书法高手。这是当时流行的一种书体，称为“反左书”。从墓葬形制来推测，当时神道两侧应该树有两根石柱，东西相对，一正一反。既然这根柱子刻的是“反左书”，另一根现已不存的柱子上，刻的应该是正常书体。这个墓的主人是萧景，各家旅游手册上是这么说的；历来出版的南京六朝文物书籍，也是这么介绍的；景点现场的说明牌子，还是这么标识的；可谓众口一词，无可怀疑。其实，这是一个相沿一千多年的讹误。

实际上，墓主的本名是萧昺。“昺”字读作bǐng，是明亮的意思，与他的字“子昭”的意义正相对应。唐初，姚思廉编撰《梁书》的时候，为了避唐王朝的讳，把“萧昺”改成了“萧景”。因为唐高祖李渊的父亲名叫李昞，“昞”也可以写作“昺”，所以唐朝人碰到这两个字都要避讳，甚至碰到其中的构件“丙”字，也会为了避讳而改作“景”。在唐代石刻中，经常可以看到把干支中的“丙”改作“景”，就是这个缘故。中华书局出版的点校本《梁书》卷二十四《萧景传》第一条校记，就指出了萧景讹名这个问题，还另外提出一条证据：《弘明集》中有一位曾经参与当时最热门、最前沿的“神灭论”辩论的卫尉卿萧昺，就是这位萧景。根据《梁书》本传，萧昺当过卫尉卿，时间就在天监五年；本传又说他“雅有风力，长于辞令”，也完全吻合。后来，李延寿撰《南史》，同样为了避讳而改作“萧景”。萧景的讹名，就随着这两部正史而以讹传讹地流传开来了。唐朝早已成为历史，唐朝以后的人早就没必要避讳，可是对于萧景回改本名这件事，大家似乎都不太关心。曾经有一些机会来到人们面前，却都转瞬即逝，没有被抓住。宋代人就已经注意到这个神道石柱，南宋人张敦颐编《六朝事迹编类》，在“坟陵门”中列入《梁吴平忠侯墓》，已称墓主为“萧景”，并引《南史》为证。周应合编《景定建康志》的时候，也记录了萧景墓，同样引《南史》为证。这两本书都把萧景的字“子昭”误作“子照”，名弄错了，字也没有写对，元代的《至大金陵新志》却“照单全收”。总之，“萧景”说的始作俑者是《梁书》和《南史》。如果说，方志类文献不做深考还情有可原，那么到了清代，情况就不一样了。乾嘉时代一大批严谨而博雅的学者居然没有查勘《梁书》和《南史》，就有点匪夷所思了。钱大昕撰《潜研堂金石文跋尾》、赵绍祖撰《金石文钞》、洪颐煊撰《平津读碑记》，皆径称作“萧景碑”；南京本地人严观编《江宁金石记》、清代金石学大家孙星衍编《寰宇访碑录》的时候，也都没有深考，仍然用“萧景”这个名字来称呼这座南朝神道石阙的主人。萧景讹名的影响，就这样从正史而蔓延到文博考古界，一直沿用到了今天。

是时候纠正这个讹传，还“梁吴平忠侯”以萧昺的本名了！

这样的爹不坑白不坑

仙林大学城，在灵山北路与学则路交叉口，坐落着梁临川王萧宏墓。前几年经过整修，现在已经是像模像样的遗址公园了。

临川王萧宏是梁武帝萧衍的同父异母兄弟。梁武帝兄弟十人，人多势众。俗话说：“打仗亲兄弟，上阵父子兵。”十兄弟虽然不是一母同胞，彼此关系却还不错。梁武帝排行老三，萧宏排行老六，关系更是非同一般。

梁武帝早年无子，直到三十八岁那一年，才得了个宝贝儿子萧统。在此之前，是老六把自己的一个儿子萧正德，过继给哥哥，充当梁王的世子。可惜，萧正德时运不济，没有当太子的命。在梁武帝登基前一年，萧统呱呱坠地，萧正德的太子梦宣告破灭，只得回归本宗。

按说，伯父做皇帝，亲爹做扬州刺史，也够萧正德嘚瑟了。可是，梦想太美丽，撕破太容易，这美梦被强行中断，他的郁闷，他的失落，他的破罐子破摔，完全可以理解。萧正德后来投奔梁朝的敌国北魏，侯景之乱后，他又趁火打劫，自立为皇帝，一副多年苦大仇深、今日报仇雪恨的样子，从来不替他爹着想。论起来，他算得上坑爹界的大家、前辈。不过，讲真的，他爹与梁武帝的关系真“铁”，这样的爹，不坑白不坑。

梁武帝得了天下，兄弟们人人有份，鸡犬升天。萧宏既不能领军打仗，也不能治国理政，几乎一无是处，但天下少不了他的一份。有一次，他率兵出征，手下兵强马壮，武器精良，他却畏缩不前。北魏派人送来一副巾帼，还编了段子羞辱他，称他为“萧娘”，也激发不了他的斗志。最终，梁军大败于洛口，萧宏临阵逃亡，被人讥笑。可他仗着跟梁武帝的关系，扶摇直上，司徒、太尉、侍中、扬州刺史，照样高官得做，骏马得骑。扬州刺史掌握首都建康的军政大权，梁武帝把这个要害职位交给他，可见对他信任有加。梁武帝知道，这个弟弟虽然贪得无厌，骄奢淫逸，但政治上并没有野心，自己的卧榻之旁，不妨容此君酣睡。

萧宏的私生活史，就是一部骄奢淫逸的土豪史。他的临川王府第，建造得富丽堂皇，可以跟皇宫媲美。府里美女成群，尽是天下的绝色佳丽。他最宠幸的妃子，叫作江无畏，吃穿用各项需索，有求必应，而且都要最好的、最豪华的。这江无畏有个癖好，爱吃鲫鱼头。这是土豪的趣味，一般人不容易体会。这鲫鱼头有什么好吃的？但江妃子乐在其中，一天下来，就要三百来条鱼，至于其他珍馐美味，就更不在话下了。厨房准备得太多，经常吃不完，就扔在路边，有钱人就是这样任性。

萧宏对江无畏这么大手笔，对自己当然也不会小气。他有御弟的身份，又大权在握，要捞什么有什么。这方面，他的才干、他的热情、他的创意，旁人望尘莫及。他用各种手段聚敛来的财物，堆了近百间库房，都在他内室后面，锁得很严实，甚至对身边人也保密。有人怀疑这里边藏的是兵器，于是密报朝廷。风言风语，恁是哥俩情深，梁武帝听了也难免犯嘀咕：这老六别真有什么想法啊。

萧宏宠爱江无畏，整天粘在一起。梁武帝找了个好借口，说要送佳肴给江氏，并且说："我要去你那儿吃饭。"说罢，就带上一个旧时的朋友、射声校尉丘佗卿前往。到了萧宏府上，兄弟俩推杯换盏，喝了起来，江氏也在旁边相陪。喝到半醉，梁武帝突然对萧宏说："我要到你后房去看看。"说完，不由分说就叫上看管后房的人直奔库房。当下，萧宏吓得脸色都变了。其实，他只是害怕武帝发现他囤积的财物而已。武帝却以为他做贼心虚，猜想里面可能真是兵器。他挨间查看，没想到大开了眼界。原来，萧宏生性爱钱，把一百万串在一起，贴一张黄帖；一千万作一堆，悬挂一个紫色的标签，硬是堆了三十多间。武帝和丘佗卿粗略点算，共有钱三亿多。还有的房子里藏的是丝绸绢绵，外加漆、蜜、白蜡、朱砂、黄屑、杂货等，琳琅满目，数都数不过来。至于兵器，一件也没有。这下武帝彻底放心了，他对弟弟转出一张笑脸："阿六，你真是会过日子啊！"兄弟俩回到前厅，接着喝酒聊天。自这事之后，哥俩关系更加亲近和睦了。

萧宏有个小舅子吴法寿，人如其名，当真无法无天。他倚仗姐夫的权势，杀人越货，胡作非为。“无法受”被有关部门调查，躲进萧宏府里，有司干瞪眼没办法。官司一直打到梁武帝那里，皇帝为了平息民怨，堵住悠悠之口，勒令萧宏交出人犯，并将萧宏免职，以示惩戒。此后有一天，梁武帝要去光宅寺，途经秦淮河边的骠骑航，遇到刺客，有人说那就是萧宏指使的。这估计是别人栽赃，我反正不太相信。因为事后不久，萧宏又官复原位，从侧面证明没有这回事儿。否则，这么大的案子，梁武帝岂能善罢甘休？

照我看来，萧宏对于权力，尤其是权力巅峰的九五之位，即使有贼心，恐怕也没有那个贼胆。他对钱货倒是兴趣很大，大到不可理喻，简直让人受不了。西晋时代有位作家鲁褒，曾经写过一篇《钱神论》，讽刺时人对金钱的崇拜，嬉笑怒骂，脍炙人口。梁武帝的二儿子、很有诗文才华的豫章王萧综，特别鄙视萧宏的贪吝。六叔这副德行，实在让他忍无可忍。于是，他提笔写了一篇《钱愚论》，把叔叔讥笑痛骂一顿，算是出了一口气。没想到，梁武帝不欣赏儿子的文才，却偏袒弟弟，责怪儿子此文不利于维护和谐稳定的大局：“天下有那么多文章好作，你干吗非要作这篇！”还下令萧综收回此文。可惜，文章早已不胫而走。在舆论压力下，萧宏脸皮再厚，也不得不有所收敛。

刺客一事是《南史》上说的，《梁书》没有。《南史》又爆了一个更猛的料，说萧宏与梁武帝女儿永兴公主私通，还谋划刺杀梁武帝，取而代之。事成之后，永兴公主当皇后。于是，在宫中的一次斋会上，永兴公主密派两个男僮，扮成女婢，混在服侍的婢女中，伺机动手，只是这两人不小心露了马脚，刺杀计划功败垂成。事后，梁武帝只把女儿逐出宫廷，并没有拿萧宏怎么样。自从盘古开天地，三皇五帝到于今，历史上曾有过这样便宜的事吗？梁代的人物传记，通常是《梁书》的文字比较简要，叙述也比较雅正，而《南史》则掺入好多遗闻轶事，添枝加叶，添油加醋，情节生动，可读性强，但不见得可信。《南史》所载萧宏两次刺杀梁武帝的事，依我看，都是子虚乌有。很有可能，这是取代梁朝的陈代或者取代南朝的隋唐人，对萧宏、也是对前朝的抹黑。试想，如果真有这样的事，哪怕只有一次，萧宏的小命还保得住吗？更不用说死后有那样宏大的葬礼，有那样豪华的陵园。萧宏石刻公园中，萧宏墓葬石刻四周已经建起亭子，并用玻璃罩保护。

去年深秋，我路过这个豪华的陵园，便进去看了一眼。有几树经霜的红叶，也有几棵绽芽的新柳，一起在秋风中摇曳，恍惚之间，不辨春秋。公园外墙不远，就是一个新的楼盘，长臂吊车正在热火朝天地忙碌着。于是颇有感慨，口占七绝二首：“经霜秋叶似红霞，新柳迎风发嫩芽。旧日王侯陵寝地，几滩野水照芦花。”“一脉灵山足迹疏，九原曾是帝王居。等闲百岁千秋后，舞爪张牙有吊车。”

那时的建业关山

很多年前，就在栖霞山千佛岩的佛龛中，看到胡恢的篆书题名。隔了将近一千年，他的名字依然清晰，像才刻上去不久。于是，我牢牢记住了这个名字。抚摩龛壁上胡恢的题名石刻，仿佛时空穿越，滚滚长江倒流，带我们回到苏轼和王安石的那个时代。那个时代的南京城里，住着王安石，也住着胡恢。

胡恢是南京本地人，北宋中期的书法名家。他的书法造诣是比较全面的。据《墨池编》卷六记载，他曾摹写过东晋王羲之的帖，刻在句容雷平山，句容当时属于升州。句容的茅山是道教名山，庆历二年，晏殊曾撰《茅山五云观记》，刻石立碑，书丹者也是胡恢。嘉祐年间，北宋在首都开封太学刻立石经，用的是楷书和篆书两种字体，胡恢是篆书的书写者之一。但嘉祐石经原石早已毁损，无从确认哪些是胡恢的书迹。今天，真切可见的胡恢篆书石刻真迹，只有栖霞山的这个题名了。

胡恢也是一位诗人。他博闻强识，诗才敏捷，擅长对偶，反应特别快。宋仁宗时，状元出身的宰相宋庠因事被贬为扬州太守。有一天，宋庠在平山堂宴请宾客，胡恢也在其中，当真是“谈笑有鸿儒，往来无白丁”。没想到，座中有一位名叫方圭的武士，自我感觉太好，喋喋不休地朗诵自己的诗作，令人生烦。这时，宋庠恰巧看到堂下有一只野牛，正靠着一棵大树，使劲地以背摩擦树干来止痒，他有感而发，就面向胡恢，悠悠地吟出一句七言诗来：“野牛恃力狂挨树。”胡恢会意，立即接了下句：“妖鸟啼春不避人。”即兴作对偶，工整不说，还很切合当下情景，戏谑幽默，引起哄堂大笑。那方圭也听出讥讽之意，恼羞成怒，捋起胳膊要打胡恢，众人赶紧上前拉住。

其实，这事错不在胡恢。要说错，就得先说方圭，没有自知之明，狂妄自大，不识好歹；其次要怪宋庠，他才是这场冲突的幕后导演。不过，这件事也体现了胡恢的才士性格。写《梦溪笔谈》的沈括曾经说过，胡恢喜欢“臧否人物，坐法失官”，这恐怕也与胡恢的个性有关。胡恢“坐法失官”的内情不详，但沈括与胡恢是同时代人，他的话应该是可信的。

性格决定命运。这种性格决定了胡恢仕途不会顺利。他丢掉官职之后，生活陷入贫穷困顿。潦倒了十几年，终于等到一次到开封赴选的机会。但僧多粥多是明摆着的，形势很不乐观。万般无奈，胡恢只好发动“哀兵”，向当时的宰相韩琦献诗陈情。这首诗全篇没有留下来，但其中有一联却传诵遐迩：“建业关山千里远，长安风雪一家寒。”这差不多就是当年杜甫流落长安时的慨叹：“冠盖满京华，斯人独憔悴。”据说韩琦读诗之后，大受感动。当时，开封太学正准备重刻石经，韩琦知道胡恢书法好，尤工篆隶，就推荐他担任篆字书写石经的差使。大概因为写经有功，胡恢后来又到地方州郡担任幕僚，做到华州推官。历史上，人们都称他为“胡恢推官”。韩琦《安阳集》卷五就有一首《答胡恢推官》：“当年都寺接贤初，屈指光阴一纪余。自说三茅深处稳，不逢双鲤寄来书。隔江闻授诸生业，命驾因烦长者车。得见新诗与高论，积年劳吝已全祛。”显然，胡恢曾把自己的近作寄给恩公。这时，距离他们相识已经十二年多了。

作为金陵人，胡恢当然关心南京本地的历史和古迹。他写过一部《南唐书》，比马令和陆游的那两部《南唐书》都要早。在北宋初年，有关南唐的话题是有相当政治敏感性的。北宋官方不承认南唐这一国号，改称“江南”，贬低其地位，千方百计地抹煞这一段历史，巴不得人们统统忘却才好。胡恢居然来写《南唐书》，是要有点胆略的。书成之后，他寄给当时著名学者苏颂。苏颂一方面肯定作者的才致和此书体例的创新，但也提出三条异议：一是写的既然是《南唐书》，而不是《五代史》，那么，南唐三主就应当各立“本纪”，而不是设为“载记”，这不合史书的体例；二是书中将一些南唐官名改为当时官名，三是书中所载李氏诏令，有些经过润色修改，都不合适。这第一条的道理，胡恢未必不懂，可这牵涉政治忌讳，说说容易，真做起来就难。况且，胡恢这么做是仿照《晋书》体例，无可厚非，清代四库馆臣早为胡恢辩护过。而第二、三条则再次暴露了胡恢的文士习性。可惜的是，胡恢《南唐书》今天已经看不到了。

胡恢其人其事，颇有一些传奇性，早在北宋就已流传开来，沈括《梦溪笔谈》就是媒介之一。在沈括的笔下，他向韩琦献诗，似乎还是一段文坛佳话。而到了南宋，这一故事流传更广，甚至进入类书，成为历史典故。在南宋人编撰的类书《锦绣万花谷》中，胡恢这段故事被作为“贫贱”的典故，再次成为士人目光的聚焦点，而他的其他生平事迹，反而被屏蔽、删略了。“建业关山千里远”，后人想象中的胡恢形象也由是扁平化，并就此定型下来了。

（本部分内容节选自《山围故国》，南京大学出版社，2019 年 7 月版）

第五讲

南朝建康的都城空间与葬地

· 张学锋

就六朝建康都城而言，孙吴是草创期，西晋和东晋初年延续了孙吴建业都城的空间范围及宫都设施。晋成帝咸和二年至四年（327—329）的苏峻之乱，将孙吴以来的宫室焚烧殆尽，东晋政府在王导的主持下重新规划修建了建康宫城和都城。新建的建康都城，一改孙吴建业城的多宫制形态，采用了当时中原地区业已流行的“中世纪都城”的形式，坐北朝南，左右对称，宫城位于中轴线北端，政府机构衙署位于宫城之南的御道两侧，宫城之北设置广阔的禁苑。[1] 新建的建康都城，作为中轴线的御道总长七里，南端的朱雀门至都城正门宣阳门之间五里，宣阳门至宫城正门大司马门之间二里，都城周围二十里一十九步，这个基本格局终东晋一代无所改动，并为南朝所继承。但是，进入南朝以后，尤其是刘宋时期，在这一基本格局之上对都城的多种设施及其空间布局进行了有意识的调整，建康的“都城”观念也发生了一些变化，而建康郊外大中型墓葬葬地的选择，也不难看出随着都城观念的变化而出现了新的动态。

1. 张学锋:《六朝建康城的发掘与复原的新思路》，初载《南京晓庄学院学报》2006年第2期，修订稿以《六朝建康城的研究、发掘与复原》为题，载《蒋赞初先生八秩华诞颂寿纪念论文集》，学苑出版社，2009年。后由小尾孝夫译为《建康城の研究——发掘と复原》，载山形大学历史、地理、人类学研究会编《山形大学历史、地理、人类学论集》第13号，2012年3月；又收入新宫学编《近世东アジア比较都市史の诸相》，白帝社，2014年2月。另参见《所谓“中世纪都城”——以东晋南朝建康城为中心》，《社会科学战线》2015年第8期。

一、南朝建康都城的改制与天下中心的重建

晋成帝时虽然重新规划建设了建康都城，但由于东晋

1.许嵩撰，张忱石点校:《建康实录》卷七《显宗成皇帝》，中华书局，1986年，页181-182。对张校本句读有所调整。

2.《建康实录》卷七《显宗成皇帝》咸和五年九月条引《舆地志》注，页179-180。原文作"案《地舆志》"，但目前通常认为《地舆志》为南朝顾野王撰《舆地志》之误，本文径用《舆地志》。

政权的流寓性质，长时间内没有放弃恢复中原的宏伟大志，因此，终东晋之世，虽然宫都至少有过三次大规模的修缮，但都城的规制几乎没有太大的变动，双阙、明堂等重要礼制建筑也没有建成。然而进入南朝以后，尤其是在刘宋时期，建康都城的改制措施频繁出现，以下我们选择几项与都城空间密切相关的内容加以略述。

（一）五十六篱门的设置与外郭城观念的形成

东晋时期的建康宫城，虽然已经具备了完整的宫墙和宫门，但一开始似乎并没有建成完整的夯土包砖墙。《建康实录》卷七《显宗成皇帝》咸和七年冬十一月条载："是月，新宫成，署曰建康宫，亦名显阳宫。"作者许嵩注引《修宫苑记》云："其西掖门外南偏突出一丈许，长数十丈地，时百度多阙，但用茆苫，议以除官身各出钱二千，充修宫城用。"[1]可见宫墙的西南一部分仅用木栅茆苫围挡，并要求新除官员每人出钱二千，以筹集宫城修缮费用。

宫城尚且如此，都城墙与都城门的设施就更加简易了。晋成帝咸和年间新规建康都城时，设置六座城门框定了建康都城的范围。许嵩引《舆地志》称南面三门，最西曰陵阳门，后改为广阳门；正中曰宣阳门，世谓之白门，南对朱雀门；最东曰开阳门。东面南曰清明门；正东曰建春门，后改为建阳门。正西曰西明门，东对建春门。都城北面与宫城共用城垣，别无他门。[2]后世都城城门虽有增设，但最初设置的"六门"，长期以来成为建康都城的代名词。

1.《宋书》卷八《明帝纪》载："宣阳门，民间谓之白门，上以白门之名不祥，甚讳之。"中华书局，1974年，页170。

2.《资治通鉴》卷一三五齐高帝建元二年四月条下，中华书局，1956年，页4238。

3.《南齐书》卷二十三《王俭传》，中华书局，1972年，页434-435。

4.发掘资料未公开发表，相关信息见王志高《六朝建康城遗址出土陶瓦的观察与研究》，韩国瓦学会第八届定期学术大会论文集《瓦的生产与流通》，2011年11月，页7-35。

都城正门宣阳门，又称白门。[1]许嵩在《建康实录》卷七中记录"六门"时虽称宣阳门"门三道，上起重楼，悬楣上刻木为龙虎相对，皆绣栭藻井"，给人一种高大坚固的印象，但事实上并非如此，在东晋与南朝刘宋这长达一百五十年的时间内，六门及门上的重楼可能都是用木桩与竹篱这类简单易得的建材构筑而成的，而城门之间的所谓都墙，亦全由竹篱围成。《资治通鉴》卷一三五齐高帝建元二年四月条下称："自晋以来，建康宫之外城唯设竹篱，而有六门。"[2]《南齐书》卷二十三《王俭传》亦称："宋世外六门设竹篱，是年初，有发白虎樽者，言'白门三重门，竹篱穿不完'。上感其言，改立都墙。"[3]可见，都城门及都城墙由篱门、竹篱改为夯土包砖城墙是萧齐建元二年（480）十月以后的事情。2011年5、6月间在南京第六中学（秦淮区白下路193号）建设工地发现的夯土城墙遗址，据发掘者王志高先生推测，应为南朝萧齐以后建康都城南墙的偏东部分。[4]

东晋、刘宋时期的都城六门，虽然均是篱门，但与构成建康外郭空间的所谓"五十六篱门"又是完全不同的概念。《太平御览》卷一九七《居处部·藩篱》引《南朝宫苑记》云：

> 建康篱门。旧南北两岸篱门五十六所，盖京邑之郊门也。如长安东都门，亦周之。郊门，江左初立，并用篱为之，故曰篱门。南篱门在国门西；三桥篱门在今光宅寺侧；东篱门本名肇建篱门，在古肇建市之

东；北篱门［在］今覆舟东头玄武湖东南角，今见有亭，名篱门亭；西篱门在石头城东，护军府在西篱门外路北；白杨篱门外有石井篱门。[1]

可见在建康都城之外，还建有篱门五十六所。

据《南朝宫苑记》的说法，建康篱门的性质相当于“郊门”，即区分城与郊的空间节点，亦即郭门。因此，篱门有时也直接称郭门。《宋书》卷四十三《傅亮传》载，元嘉三年（426）宋文帝欲杀傅亮，先召傅亮入宫，傅亮因得密报，以嫂病笃为由返回，并“遣信报徐羡之，因乘车出郭门，骑马奔兄迪墓”。[2] 得报后的徐羡之，“乘内人问讯车出郭，步走至新林，入陶灶中自刭死”。[3] 徐羡之出奔的事，在《建康实录》中写作“车出南郭，步走新林，缢于陶灶”。[4] 从傅亮之兄傅迪的葬地及新林这个地名中都不难判断，这里的“郭门”应该就是篱门。

五十六篱门的设置时间，据前引《南朝宫苑记》所称“郊门，江左初立，并用篱为之，故曰篱门”，或许在东晋草创“江左”尤其是在成帝新规建康都城时已有所考量，但现有文献无法明确五十六篱门建置的具体时间，其在文献中的出现均在南朝。从前引傅亮、徐羡之出逃时所及之“郭门”“郭”或“南郭”等称呼来看，此时建康都城的外郭空间已基本确定，因此，我们将五十六篱门的出现及完备视为一个过程，并将之视为南朝建康都城的重要空间概念。

除《太平御览》引《南朝宫苑记》中保留下来的七

1.《太平御览》卷一九七《居处部》二十五《藩篱》引《南朝宫苑记》，中华书局，1960年，页950-951。

2.《宋书》卷四十三《傅亮传》，页1337-1338。

3.《宋书》卷四十三《徐羡之传》，页1334。

4.《建康实录》卷十二《太祖文皇帝》，页412。

1.《建康实录》卷十七《高祖武皇帝》，页676。

2. 盐泽裕仁:《后汉魏晋南北朝都城境域研究》，雄山阁，2013年，页270-271。

3.《隋书》卷七《礼仪志二》，中华书局，1973年，页131。

处篱门名外，《建康实录》卷十七《高祖武皇帝》载天监九年（510）“新作缘淮塘，北岸起石头，讫东冶，南岸起后渚篱门，连于三桥”，[1]可见后渚篱门也是其中之一。但篱门的具体位置与外郭篱墙的走向，目前尚无考古资料，难以确定。盐泽裕仁先生在其《后汉魏晋南北朝都城境域研究》第七章《六朝建康的都市空间》中对篱门与外郭空间作了文字上的推测，亦即从钟山南麓出发，穿过燕雀湖西岸，经东府城东侧往西南迂回；北侧沿玄武湖南岸、鸡笼山北麓西行，穿过西侧丘陵通往石头城北侧。[2]盐泽在著作中引用了杨国庆、王志高《南京城墙志》中的图2—8《南朝梁代建康城布局示意图》，但在外郭篱墙的北线上两者并不一致。《南京城墙志》将外郭篱墙的北线设定在覆舟山、鸡笼山之南，这个设定是可信的。然而，关于外郭空间的南线，笔者的意见与《南京城墙志》的主张不同。

外郭篱墙南线的位置问题，与“国门”的位置有关。《隋书》卷七《礼仪志二》载梁天监三年（504）尚书左丞何佟之进奏：“案《礼》，国门在皋门外，今之篱门是也。今古殊制，若禁凶服不得入篱门为太远，宜以六门为断。”[3]皋门，通常是指宫门，国门在皋门之外，应是都城中轴线上的外郭城南门。何佟之直言萧梁时期的国门就是“篱门”，因此应该位于建康都城中轴线的外郭篱墙上。梁天监七年（508）国门改建前是篱门，改建后则为砖木结构的城门。

国门又称望国门，关于其位置，《南京城墙志》图2—8《南朝梁代建康城布局示意图》中，将其设定在六朝石子冈（今雨花台、邓府山、菊花台等一系列东西相连的冈阜）以南。[1]作出上述推断的主要依据是历史文献中所见的“五里”。“五里”一说最早见于《建康实录》卷九注引《地图》：“朱雀门南渡淮，出国门，去园门五里。吴时名为大航门，亦名朱雀门，南临淮水，俯枕朱雀桥，亦名大航桥也。”[2]引文中的“园门”，《南京城墙志》的作者将之视为“国门”之误，由于“国门”距朱雀航“五里”，其位置就只能在石子冈以南了。然而，笔者认为这里的“园门”应该是“苑门”之误。苑门就是孙吴时期正对苑城之门，晋成帝新规建康宫都后，苑门成为都城正门宣阳门。许嵩所引《地图》叙述的主体是朱雀门，而朱雀门与宣阳门之间御道的长度恰为“五里”，出了朱雀门（大航门），渡过朱雀航（朱雀桥、大航桥）往南通向国门。《地图》叙述的宗旨应该如上，完全没有“国门位于朱雀航南五里”的意思。但后世的文献在转抄过程中出现了偏误，最严重的是顾炎武《肇域志》引《图考》称：“宋于朱雀门之南渡淮五里又立国门，在长干东南，以示观望。梁天监七年，作国门于越城南，在今高座寺东，南涧桥北，越城东偏。”[3]从中不难发现，《肇域志》的“宋于朱雀门之南渡淮五里又立国门”一句，叙述本身与“在长干东南”“南涧桥北，越城东偏”的参照位置相互矛盾，因而误导了《南京城墙志》图2—8《南朝梁代建康城布

1. 杨国庆、王志高：《南京城墙志》，凤凰出版社，2008年，页37。
2.《建康实录》卷九《烈宗孝武皇帝》，页266。
3. 顾炎武撰：《肇域志》原第三册《南直隶·应天府》，上海古籍出版社，2004年，页205。

局示意图》的绘制。

国门的位置，依据现有文献资料应该是比较明确的。《建康实录》卷一《太祖上》许嵩自注云："越王筑城江上，距今淮水一里半废越城是也。案，越范蠡所筑，城东南角近故城望国门桥，西北即吴牙门将军陆机宅……在三井冈东南一里，今瓦官寺阁在冈东偏也。"[1]《梁书》卷二《武帝纪中》，天监七年（508）二月，为壮观瞻，"新作国门于越城南"。[2]《景定建康志》卷二十《城阙志一·门阙》："古国门，梁天监七年作国门于越城南，在今高座寺东，南涧桥北，越城东偏。"[3]从国门与越城的位置关系来看，绝不会在石子冈（今雨花台）之南。顾炎武《肇域志》在抄录这一段古文献时，随意改动增减文字，其所录文字，在地理方位上自相矛盾，难以据信。

通过上述考证，笔者推断，南朝时期的"国门"是外郭篱墙上的南侧正门，类似唐长安城的明德门或东都洛阳定鼎门，是城、郊的分界线。包括国门偏西的南篱门在内的建康五十六篱门，同样具有城、郊分界的意义。基于都城空间与葬地的视角，作为六朝时期大型葬地的石子冈，也必须在"城"外的"郊"地。基于以上思考，笔者将建康外郭篱墙的南线推断在石子冈（今雨花台）北麓，而国门的位置则推定在今雨花台景区西北侧旧中华门火车站北侧，跨过雨花西路北侧的涧水（南涧，或称死马涧），正对今共青团路口。（参见图一）

1.《建康实录》卷一《太祖上》，页1-2。《建康实录》诸本及张校本均作"越王筑城江上镇，今淮水一里半废越城是也"，唯文渊阁《四库全书》本作"越王筑城江上，距今淮水一里半废越城是也"，于义为长，取之。

2.《梁书》卷二《武帝纪中》，中华书局，1973年，页47。

3.《景定建康志》卷二十《城阙志一·门阙》，南京出版社，2009年，页499。

（二）刘宋时期的礼制改革与天下中心的重建

《宋书》卷三十一《五行志二》载："孝武帝大明七年、八年，东诸郡大旱，民饥死者十六七。先是江左以来，制度多阙。孝武帝立明堂、造五辂。是时大发徒众，南巡校猎，盛自矜大，故致旱灾。"[1]说的是孝武帝即位以来的各项礼制改革，由于力度过猛，引发了吴、吴兴、会稽等东部郡县的连续旱灾。刘宋孝武帝即位后，对国家礼制进行了较大规模的改革，其内容远不止上引《宋书·五行志二》中涉及的立明堂、造五辂。宋孝武帝的礼制改革至少涉及王畿的设立、礼制建筑的建设、五辂的制造、山川祭祀、南巡等多个方面，其中与建康都城空间密切相关的是明堂、南北郊坛、驰道等设施的建设。

关于刘宋时期尤其是孝武帝大明年间的礼制改革及其意义，户川贵行先生作了一系列的研究。以下主要按户川的研究思路，略述孝武帝礼制改革的内容与意义。

首先是关于"王畿""神州""神京"等天下观的问题。《宋书》卷六《孝武帝纪》大明三年（459）条载："以扬州所统六郡为王畿，以东扬州为扬州。"户川贵行认为，扬州六郡的中心是都城建康，以建康为中心划定王畿的范围，看似没有任何问题。然而，曹魏、西晋的天下中心在中原，尤其是都城所在的洛阳。以洛阳为中心的天下观，在东晋时期依然没有变化。在以洛阳为中心的天下观念中，建康只是东南僻地。这样的天下观，对东晋南朝的正统性而言是一个非常大的弱点。[2]中村圭尔先生就曾

1.《宋书》卷三十一《五行志二》，页912。

2.户川贵行：《侨民の土著化の変容——〈世说新语〉を手がかりとしてみた》，《东洋学报》第96卷第3号，2011年12月。

将解决这一问题视为“东晋南朝最大的政治课题”，[1]而这个“政治课题”，进入南朝以后才逐渐得以解决。

此外，户川贵行还关注到了《金楼子》卷五《著书篇》引《丹阳尹传序》所云“自二京板荡，五马南渡……既变淮海为神州，亦即丹阳为京尹”一段，[2]以及《宋书》卷二十《乐志二》载谢庄造《世祖孝武皇帝歌》“辟我皇维，缔我宋宇。刊定四海，肇构神京。复礼辑乐，散马堕城”。[3]以此为线索考察了“神州”一词内涵的变化，指出东晋前期“神州”指的是中原，随着侨民的土著化，恢复中原的志向逐渐消失，建康所在的扬州成了“神州”的所在，[4]将原本作为临时都城的建康首次建设成为神京，[5]以此观察到了宋孝武帝为重造以建康为中心的天下观的努力。

从以洛阳为中心的天下观这个角度来看，孝武帝将扬州设为王畿，将临时都城建康建设成神京的做法是非常特殊的。以洛阳为中心的天下观是过往历史沉淀下来的传统理念，但基于皇帝的居所在建康，侨民们也逐渐土著化这一现实，虽然是个渐进的过程，但以建康为中心的天下观念逐渐浮出水面。更何况，以洛阳为中心的天下观，恢复中原是至关重要的基础，但孝武帝之父宋文帝元嘉二十七年（450）北伐失败后，南朝对北朝军事上处于劣势，恢复中原成为极端困难的事。正因如此，孝武帝面对现实，开始主张以建康为中心的天下观，改革建康都城的礼仪空间，克服因地理上的“边境性”而造成的王朝正统性上的

1. 中村圭尔：《南朝国家论》，《岩波讲座 世界历史》第九卷，岩波书店，1999年。后收入其著《六朝政治社会史研究》，第二编第十三章，汲古书院，2013年，页431。

2. 萧绎撰，徐逸民校笺：《金楼子校笺》卷五《著书篇》，中华书局，2011年，页1005。

3.《宋书》卷二十《乐志二》，页580-581。

4. 户川贵行：《东晋南朝における天下观について——王畿、神州の理解をめぐって》，《六朝学术学会报》第10集，2009年。后收入其著《东晋南朝の传统の创造》，第二编第一章，汲古书院，2015年。

5. 户川贵行：《刘宋孝武帝の礼制改革について——建康中心の天下观との关连からみた》，九州大学《东洋史论集》36，2008年3月。后收入其著《东晋南朝の传统の创造》，第二编第二章。

弱点。[1]一句话，如果说东晋政权还带有浓郁的流寓色彩的话，毫无疑问，南朝政权则已带上了浓厚的土著色彩。“江南—中国”与“中原—索虏”这个南北政治、文化上的新对峙趋于定格。

然而，王朝正统性的主张，单凭设置王畿、神京这些概念还是不够的，正如妹尾达彦所说：“近代以前的王权，以自身为宇宙中心，将王都（帝都）视为价值和道德的源泉。由于其正统性的依据在于神灵或上天的超绝性和普遍性，所以帝国不存在国界的概念，只存在与王都距离远近相应的文化上的高下。可以说，帝国时代以王都为主要舞台而上演的王朝仪礼，功能在于将宇宙秩序与地上秩序对应的意识形态，用戏剧化的形式进行视觉化和具象化，在被统治者心中根植其统治的正统性，塑造其价值的核心性。”[2]也就是说，正统性的主张，在确立都城——天下中心的同时，仪礼是极其重要的。明堂、南北郊等礼制建筑都在这一时期得到了重建。

1. 明堂

明堂是历代都城空间中的重要礼制建筑，但终东晋一代，始终没有建设明堂。《宋书》卷十六《礼志三》称：“元帝绍命中兴，依汉氏故事，宜享明堂宗祀之礼。江左不立明堂，故阙焉。”[3]东晋不建明堂的原因，与东晋政权的流寓性质密切相关。东晋建国伊始的太兴二年（319），朝廷议论是否要在建康建立郊祀仪礼，尚书令刁协、国子祭酒杜夷建议“宜须旋都洛邑乃修之”。[4]按刁协、杜夷

1. 参见上引户川贵行《侨民の土著化の变容——〈世说新语〉を手がかりとしてみた》。

2. 妹尾达彦：《长安の都市计画》，讲谈社，2001年。中译本《长安的都城规划》（高兵兵译），三秦出版社，2012年，页163。

3.《宋书》卷十六《礼志三》，页424。

4.《晋书》卷十九《礼志上》，中华书局，1974年，页584。

的说法，当时朝廷的都城仍然在洛阳，与郊祀相关的礼制建筑必须在洛阳修建。刁协、杜夷的建议遭到荀组、王导等人的驳议，东晋还是在建康都城的东南“巳地”建立了南郊，不得不说这是一种现实的需要，但刁协、杜夷的主张，其实深刻反映了南渡侨人恢复中原的志向与神州都城在洛阳这一根深蒂固的天下中心观念。在东晋建国七十年后的孝武帝太元十二年（387）议建明堂时，吏部郎王忱还在主张“明堂则天象地，仪观之大，宜俟皇居反旧，然后修之”。王忱的主张得到了会稽王司马道子、尚书令谢石的赞同，“于是奉行，一无所改”。[1] 这一理念依然没有被东晋政权及侨民放弃。

然而，进入刘宋以后，恢复中原的志向与天下中心的观念都发生了巨大的变化，流寓政权彻底走向土著化，宋孝武帝大明四年（460），在建康都城外东南侧首次建立了明堂。[2]

2. 南北郊坛

诸郊坛中，对王朝而言最为重要的是南北郊坛。六朝的南北郊坛，不同时期的位置均不同，其中宋孝武帝大明三年对南北郊坛位置的调整具有重要的象征意义。

孙吴南郊坛。孙权在位末期即太元元年（251）始祭南郊，郊坛位于刘宋秣陵县南十里郊中，[3] 推测在今秦淮河南岸箍桶巷附近。[4] 东晋初期的南郊坛设于“东南巳地”。[5] 关于“东南巳地”，《建康实录》卷五太兴二年（319）称：“是岁，作南郊，在宫城南十五里，郭璞卜立之。”许嵩注

1.《宋书》卷十六《礼志三》，页453。

2. 立明堂的具体时间各书有异文。《宋书·孝武帝纪》未载。《南史》卷二《宋本纪中》：大明五年，“五月，起明堂于国学南丙巳之地”。《资治通鉴》卷一二九宋孝武帝大明五年四月条：“庚子，诏经始明堂，直作大殿于丙己之地，制如太庙，唯十有二间为异。”《宋书》卷五十三《张茂度传附子永传》：大明四年，“立明堂”。《宋书》卷十六《礼志三》载大明五年诏：“班行百司，搜材简工，权置起部尚书、将作大匠，量物商程，克今秋缮立。”可见，立明堂之议起于大明四年，完成于大明五年。

3.《宋书》卷十四《礼志一》，页346。

4. 参见前引盐泽裕仁《后汉魏晋南北朝都城境域研究》，页299。

5.《宋书》卷十四《礼志一》，页346。

引《图经》云："在今县城东南十八里长乐桥东，篱门外三里，今县南有郊坛村，即吴南郊地。"[1] 从地望上推断，孙吴、东晋两代的南郊坛基本上在同一个位置上。孙吴、东晋南郊之所以立于"东南巳地"，与建康的地形，即城南有石子冈横亘东西，"南出道狭，未议开阐"[2] 密切相关。南朝刘宋初期还沿用了吴、晋南郊，但孝武帝大明三年九月，"移南郊坛于牛头山，以正阳位"，[3] 南郊坛移到了宫城正南（午位）的秣陵县牛头山（今牛首山）下，这个地点在建康都城的中轴线南端。（参见图一）

东晋初年，由于恢复中原是王朝的政治课题，因此，天地合祭，未单独立北郊坛。《宋书》卷十六《礼志三》载："明帝太宁三年七月，始诏立北郊。未及建而帝崩，故成帝咸和八年正月，追述前旨，于覆舟山南立之。是月辛未，祀北郊。"[4] 成帝立北郊的咸和八年（333）正月，新规的建康都城建设已告一段落，因此，立北郊也应该是与建康城的规划同步进行的。东晋成帝以后的北郊坛位于覆舟山南麓，刘宋文帝元嘉初年在覆舟山南新建乐游苑时，将北郊迁到了覆舟山西北，后因扩展北湖（今玄武湖），又迁到湖堤的西北（具体位置不明）。由于这一带地势低湿，不久又迁到白石村东（今南京长江大桥南引桥之东）。后又以其地为湖，乃移于钟山北原道西，与南郊相对。[5] 刘宋北郊坛移于"钟山北原道西，与南郊相对"的具体时间，《宋书》《南史》《资治通鉴》均未载，仅见于《通典》："孝武帝大明三年，移北郊于钟山北原道西，与

1.《建康实录》卷五《中宗元皇帝》，页133。

2.《宋书》卷十四《礼志一》，页346。

3.《南史》卷二《宋本纪中》，中华书局，1975年，页62。

4.《宋书》卷十六《礼志三》，页424。

5.《宋书》卷十四《礼志一》，页346。

南郊相对。”[1]可见，将北郊由白石村东移至“钟山北原道西”，除旧处的地势低湿外，更重要的还是大明三年礼制改革的一环，最主要的目的是要“与南郊相对”。“钟山北原”的位置，笔者旧稿曾有过考证，大致位于钟山北麓今太平门外锁金村至新庄附近（参见图一），绝不会是钟山南坡山腹上的坛类遗址。[2]

经大明三年的改革，刘宋的南郊不再位于都城东南的巳地，而是被设置在了宫城正南午地，这里正是建康都城中轴线的南端。北郊也由游移不定，为“与南郊相对”，被移到了建康都城中轴线正北的子地，完成了南北郊处于都城正南北的理念设计。

孝武帝崩后，长子刘子业即位，是为前废帝。同年，湘东王刘彧通过政变，杀死前废帝，夺取帝位，是为明帝。被杀的前废帝葬于“秣陵县南郊坛西”，[3]接近宋孝武帝岩山陵区，可见此时的南郊尚在牛首山下，或者至少可以说明南郊坛在牛首山下这个观念已经趋于固定。宋明帝与孝武帝同为文帝之子，因此在皇统上直接继承文帝，对孝武帝时期的礼制改革多有恢复，南北郊坛的恢复原处即其中的重要项目。但以建康为中心的天下观，换言之即南朝的土著化倾向，是不可能再改变的，而南朝政治、社会的土著化，对当时葬制的影响是不可低估的。

1.（唐）杜佑撰，王文锦等点校：《通典》卷四十五《礼五·方丘》，中华书局，1988年，页1259。

2. 张学锋：《论南京钟山南朝坛类建筑遗存的性质》，《文物》2006年第4期。

3.《宋书》卷七《前废帝纪》，页147。

（三）萧梁时期“都城”概念的拓展

萧齐立国时间短暂，对都城的改造主要表现在都城墙的改筑上，建元二年（480）起，原本都城门及都城墙的篱门、竹篱逐渐被改建成了夯土包砖。萧梁建国后，天监七年（508）对都城中轴线上的国门进行改造的同时，又在宫城正门大司马门前造仁虎石阙，在第二道宫城正门端门前建造神龙石阙，改变了孙吴立都以来一直无阙的历史。[1]石阙由巨石镌刻，高耸巍峨，夹道而立。侯景之乱时，百济使者哭于端门外石阙下是著名的故事。[2]

梁代是南朝发展的鼎盛时期，在都城建设上，除新规石阙、国门外，都城的境域观念也发生了一些变化。尤其是在东方，都城的境域延伸到了较远的倪塘一带。

《太平寰宇记》卷九十《江南东道二·昇州》及《资治通鉴》胡三省注均引《金陵记》称：

> 梁都之时，城中二十八万余户。西至石头城，东至倪塘，南至石子冈，北过蒋山，东西南北各四十里。[3]

这里值得关注的是都域概念的四至：东为倪塘，在今南京市区东南，今江宁区东山街道泥塘社区附近；南为石子冈，是包含今雨花台在内的城南东西走向的一系列冈阜；西为石头城，位于今水西门迤北至清凉山；蒋山即钟山，今称紫金山。（参见图一）

建康都城的四至，南、西、北三面，与孙吴、东晋以来的传统没有太大的变化，基本上保持着外郭篱门的范围。但从图一中不难发现，都城境域的“东至倪塘”，已远远超出了外郭篱门的范围，向东延伸了十余公里（旧称二十五里），而导致这一观念产生的重要原因就是人工运

1.《梁书》卷二《武帝纪中》：天监七年正月“戊戌，作神龙、仁虎阙于端门、大司马门外”。又，陆倕（佐公）作《石阙铭》，《文选》李善注引臧荣绪《晋书》曰：“孙氏无阙，大晋南都，亦不暇立门，阙遂废矣。”

2.《梁书》卷五十六《侯景传》，页495。

3.《太平寰宇记》卷九十《江南东道二·昇州》，中华书局，2007年，页1774。又，《资治通鉴》卷一六二梁纪武帝太清三年胡三省注引。

河破冈渎的开凿与利用。

孙吴建业城的选址，起初完全是出于军事目的，似乎没有考虑到军粮、物资等经济因素。一旦定都以后，经济方面的困难便迎面而来，原先都城东部弧形地带的既有产业无法满足都城巨大的消费需求。为解决军粮问题，孙吴首先在建业东部弧形地带相对落后的湖熟、江乘两地设典农都尉，专事屯田。以后，屯田范围进一步扩大，先后在于湖（治今安徽当涂）设督农校尉，在溧阳（治今江苏溧阳西南）设屯田都尉，又在更东的毗陵（治今江苏常州）设置典农校尉，屯田区域不断扩大。

孙氏家族是吴郡富阳人，在定都建业之前，曾经有过以会稽（治今浙江绍兴）和吴郡（治今江苏苏州）为根据地的历史，他们非常清楚太湖平原及杭州湾地区的富庶。随着三国鼎立局势的基本稳定，建业的官私生活渐趋奢侈，向更东太湖流域和杭州湾地区的索取便提上了日程。其中最重要的措施就是开凿破冈渎，打通都城建业与太湖流域、杭州湾地区的漕运通道。

关于破冈渎的开凿及六朝建康都城圈向东方的扩展，笔者曾有过论述，此处不再赘述。[1] 这里想强调的一点是，若要确保建康都城政治、军事和经济的稳定，必须依靠破冈渎以东的吴郡、吴兴郡、会稽郡即“三吴”的粮食物资。《隋书》卷二十四《食货志》载：“又都西有石头津，东有方山津，各置津主一人，贼曹一人，直水五人，以检察禁物及亡叛者。其荻炭鱼薪之类过津者，并十分税一以

1. 张学锋:《六朝建康都城圈的东方》，载武汉大学三至九世纪研究所编《魏晋南北朝隋唐史资料》第三十二辑，上海古籍出版社，2015年，页63-83。

1.《隋书》卷二十四《食货志》，页689。

入官。其东路无禁货，故方山津检察甚简。”[1] 方山津之所以“检察甚简”，关键在于通过破冈渎运至建康的粮食物资，不存在“禁货”，均是这座人口逾百万的大都会官民的生活必需品，来者不拒。因此破冈渎成为六朝时期维系都城建康的生命线，而破冈渎的西端方山津则成为进入都城的交通枢纽。至于方山津附近的重要聚落倪塘，在人们

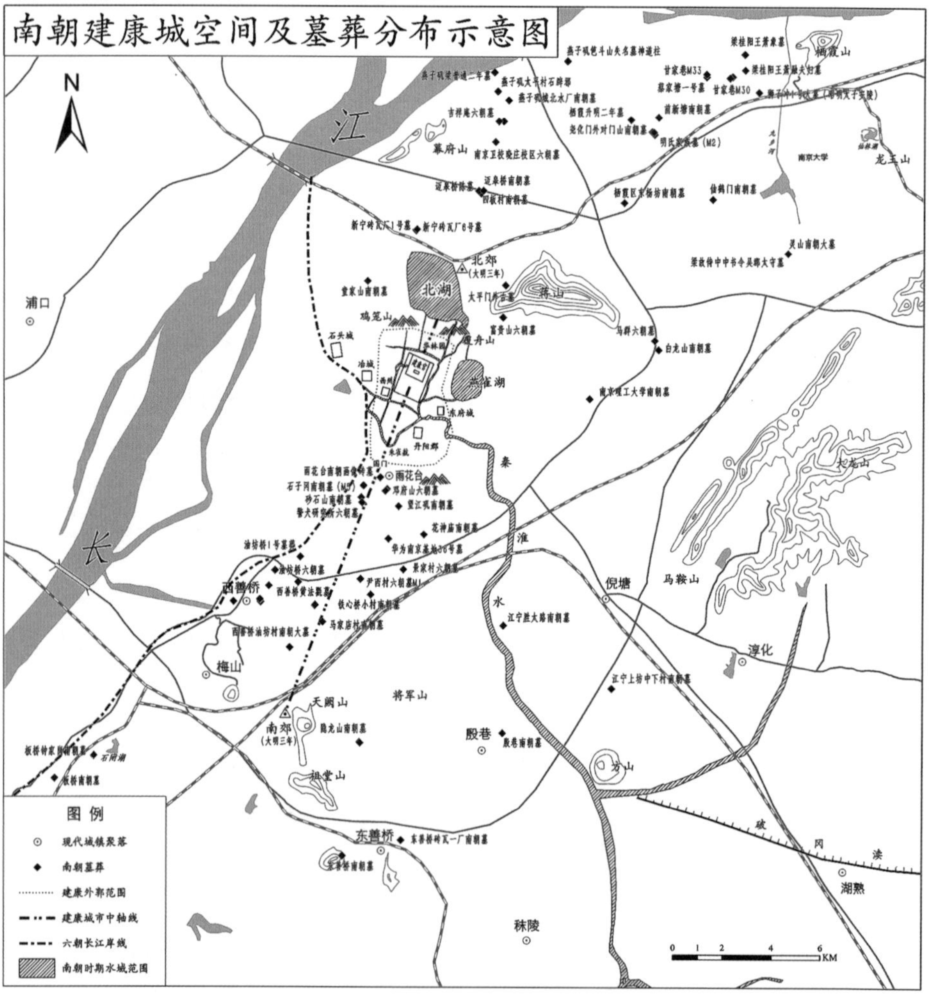

图一　南朝建康城空间及墓葬分布示意图

的观念中也成为由富庶的三吴进入都城建康的门户。

以上，笔者对南朝时期建康都城的空间变化，主要从外郭篱门、南北郊坛及都城境域观念的变化这三个方面进行了概述，这三个方面的变动，与南朝墓葬尤其是大中型墓葬的葬地选择亦即空间分布之间，有着比较密切的关联。

二、都城境域的扩大与南朝墓葬的分布

政治与社会的不断土著化、人口的大规模增长、都城圈的扩大，影响到了建康都城周边葬地的选择与墓葬的分布。迄今公开发表的南京周边地区南朝墓葬发掘资料共计94处，其具体分布地点参见上图一。这个数据只是迄今公开发表的资料，并不是迄今发现的所有南朝墓葬。在上述数据之外，还有两种情况值得关注：（1）地面上尚存石刻遗存但未经考古发掘的南朝帝王陵墓，如栖霞区麒麟铺传宋武帝刘裕初宁陵，栖霞区甘家巷梁萧景、萧憺、萧恢墓以及多处失名墓。（2）经考古发掘但尚未公开发表者，这部分资料就笔者所知并不是很多。因此，在下文的探讨中，我们会将上述第（1）种情况一并考虑在内。关于这个数据，还有一点需要指出的是，94处南朝墓葬均为大中型砖室墓，其墓主人应该都是当时社会的中上层人物，而属于社会底层的广大民众，他们广泛采用的竖穴土坑墓无法在目前的资料数据中体现。正如新宫学先生在探讨明代北京城与葬地的关系时指出的那样，“不具备购置葬地财力的庶民阶层，通常只能葬入京城各城门外的漏泽园、

义冢等公共墓地，从结果上来看，他们的墓地是距京城最近的”。[1] 这一意见可以指导各个时代都市及葬地关系的研究。南朝时期虽然尚未出现漏泽园、义冢等有组织的公共墓地，但建康都城郊外的居民就近埋葬的现象必定是非常普遍的；但因为资料的缺乏，我们只能将探讨的对象集中在大中型砖室墓上。

1. 新宫学:《北京城与葬地——明朝的情况》，载妹尾达彦编《都市与环境的历史学［增补版］》第3集，“东亚的都城与葬制”特集，中央大学文学部东洋史学研究室发行，2015年。

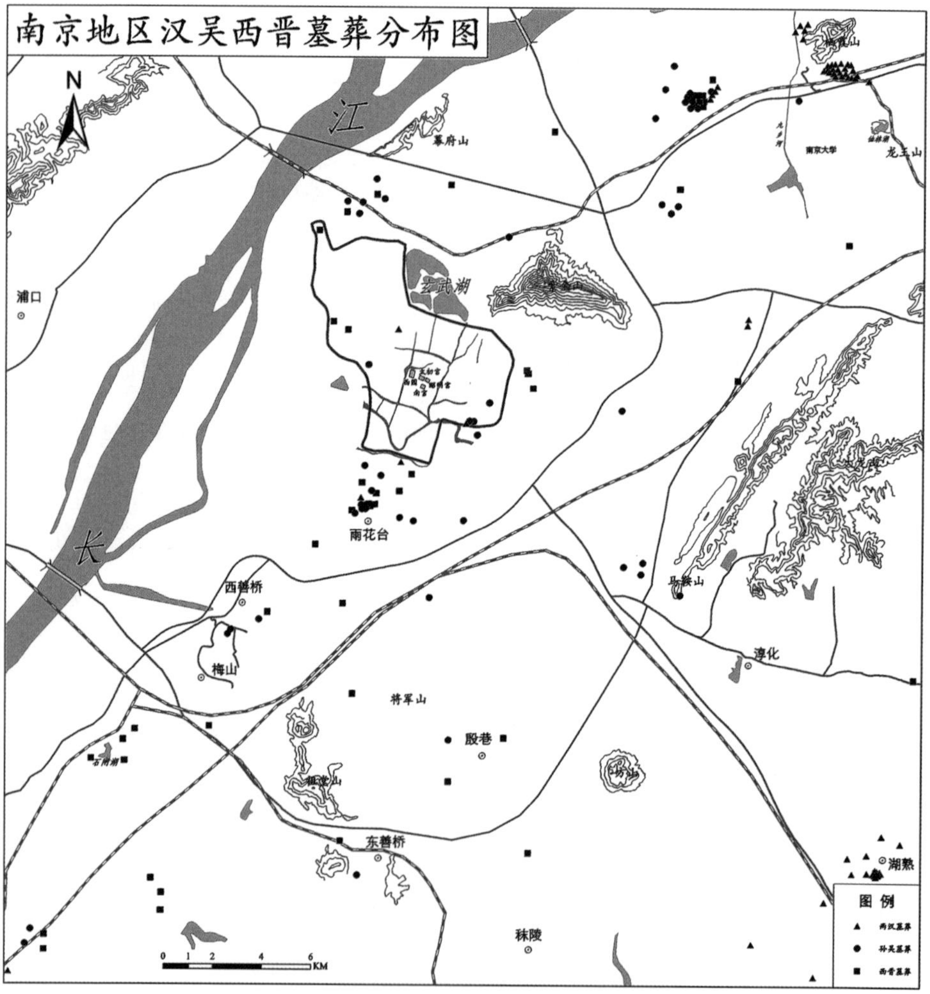

图二　南京地区汉吴西晋墓葬分布图

（一）建康的地理位置与六朝葬地的共性

两汉至六朝时期，南京地区集中的葬地均分布在建康城的南部、北部与东北部，东部地区有零散分布（参见图二、图三），仔细比较，可以看出一些共性与南朝时期葬地的一些特性。

由于建康都城位于秦淮河的入江口，城西紧邻长江，

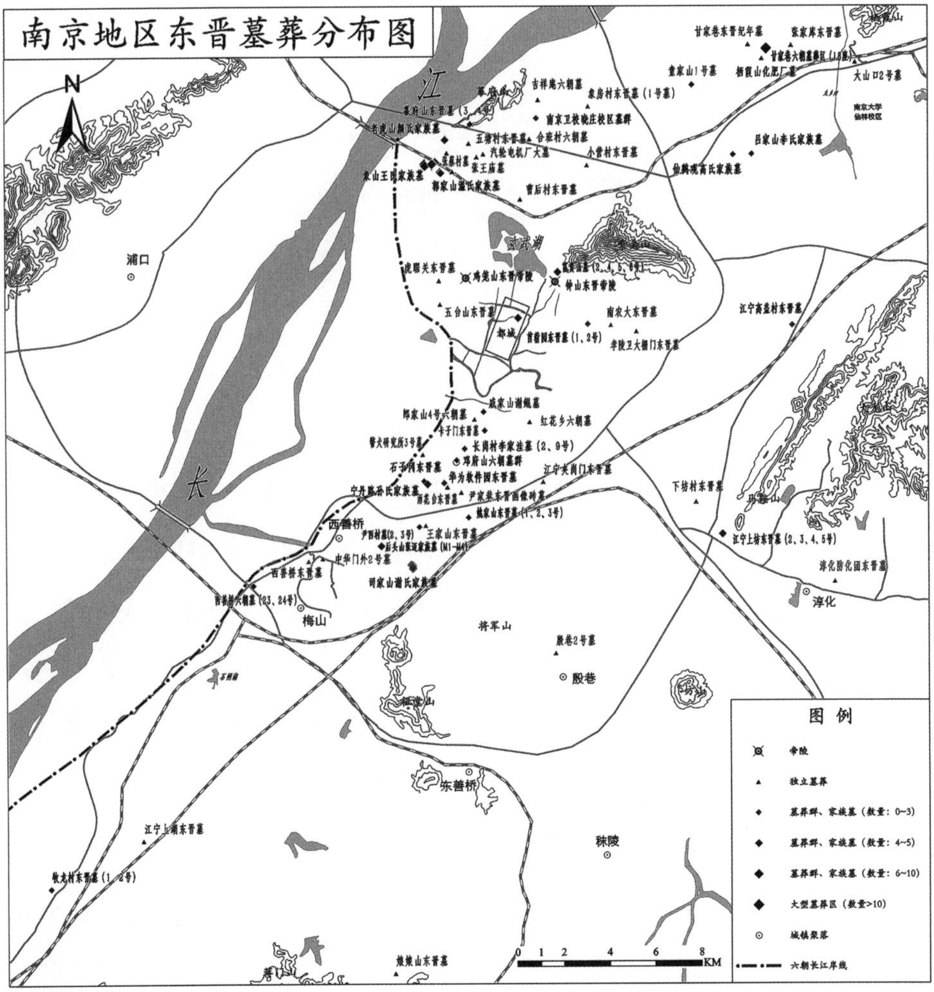

图三　南京地区东晋墓葬分布图

因此，居民葬地的选择只能是在其东、南、北三面进行。然而，由于建康东部弧形地带是秦淮河的冲积平原，秦汉以来置县，开发的历史相对较早，农田广布。孙吴定都建业后，这一带的在地居民依然按传统就近埋葬，而向都城集中的大量人口，则选择都城南部的石子冈及向西南沿江的山丘，以及都城北部幕府山及向东北延伸的丘陵岗地埋葬。因此，都城周边的六朝墓葬，始终集中在城南与城北，城东的分布则相对零散。

（二）都城境域的扩大与葬地的变动

两汉时期，由于南京尚未成为都城，因此，规模不大的葬地均集中在当时的江乘、湖熟、秣陵等诸县近侧，位于秦淮河入江口处的今南京市区，人口稀少，居住在这里的居民按就近埋葬的原则选择葬地，因此，今南京市区的中心地区鼓楼、光华门等地也有零星的墓葬分布。

孙吴定都建业后，随着人口的集中，城南石子冈沿线与城北幕府山沿线的墓葬数量出现了几何级增长。但由于建都伊始，采用了传统的多宫制形式，城郭尚不完善，因此，在宫都附近如今清凉山、峨嵋岭、御道街、大光路等地，依然分布着墓葬，西晋时期在今山阴路、草场门等地，也分布着一些零星的墓葬。

东晋成帝新规建康宫都后，虽然都城门及都城墙都还是篱门篱墙，但其象征意义极大，以后在建康都城范围内就再也没有出现过大中型墓葬。然而，与南朝时期定型的外郭篱门相比，东晋建康都城的境域概念依然相对狭小，在都城西部今虎踞关、五台山等地还有部分墓葬零星存在，而作为最高等级的东晋帝陵，一处位于都城西北角的鸡笼山（今北极阁—鼓楼冈一带）之阳，一处位于都城东北角的蒋山（今紫金山西段富贵山）之阳，两处陵区距离都城墙都很近，直线距离均不超过2—3公里，说明都城墙之外的附近区域尚未进入郭域的范围，城与郊的界线停留在都城墙上的“六门”。这也是笔者前文将五十六篱门及其构成的外郭篱墙即外郭城概念的最终形成定在南朝的重要依据。

由五十六篱门与篱墙划定的外郭观念的确定，是影响南朝建康都城周围葬地选择的重要因素。由于外郭篱门成为城与郊的分界线，因此，南朝时期篱门范围内就再也没有发现过大中型墓葬。距离外郭篱墙相对较近的葬地，一处是富贵山六朝墓，包括晋恭帝玄宫石碣和富贵山M1、M3、M5、M6，[1]一处是太平门外南齐墓，[2]还有一处是童家山南朝墓。[3]富贵山之阳是东晋的钟山陵区，这里分布着康帝崇平陵、简文帝高平陵、孝武帝隆平陵、安帝休平陵（推定为1964年发掘的南京富贵山大墓）和恭帝冲平陵。图一所示“富贵山六朝墓”包含进入南朝以后的恭帝冲平陵等5座墓葬，晋恭帝玄宫石碣外的4座墓葬虽然没有出土与墓主人相关的文字信息，但从选址上来看，墓主人可能都是南朝时期与东晋帝室相关的成员，可以说这是一处继承了东晋钟山帝陵传统葬地的墓地。太平门外南齐墓位于北篱门外，童家山南朝墓位

1. 李蔚然：《南京富贵山发现晋恭帝玄宫石碣》，《考古》1961年第5期。南京市博物馆、南京市玄武区文化局：《江苏南京市富贵山六朝墓地发掘简报》，《考古》1998年第8期。

2. 张寄庵、李蔚然：《南京太平门外清理了古墓一座》，《文物参考资料》1955年第5期。

3. 南京博物院：《南京童家山南朝墓清理简报》，《考古》1985年第1期。

于建康外郭西北部，这两处都已处在建康外郭之北。建康都城北篱门外的覆舟山、鸡笼山，将建康分为南北两个水系，南部是秦淮河水系，北部是金川河水系，南北两水系之间的分水岭正是覆舟、鸡笼二山。就六朝而言，秦淮河两岸是人烟稠密之处，而覆舟、鸡笼二山北侧金川河水系则湿地遍布，冈峦起伏，很少有人居住，广义上就是都城北部的葬地。因此，太平门南齐墓与童家山南朝墓出现在距外郭较近的葬地并不奇怪。

从图一中还不难发现，从外郭东篱墙往东南方向直至倪塘的秦淮河冲积平原上，迄今尚未发现大中型南朝墓葬。倪塘附近的城盖村、沙石岗一带，孙吴时期有著名的倪氏家族墓，是地方豪族就近而葬的典型。倪塘附近的下坊村和上坊村也多次发现东晋时期的墓葬。但与建康城南葬地与城北、城东北墓葬密集的现象相比，建康城东的墓葬数量及密集程度大大降低。正如前文分析的那样，进入南朝以后，建康东郭到倪塘之间广大区域逐渐被视为都城境域，加上秦淮河冲积平原这一地貌的特征，除就近埋葬的中小型墓葬外，建康都城里的社会上层人员很少将这里选为葬地。

综上所述，南朝时期由于都城外郭的确定，郭域内至今尚无大中型墓葬发现的迹象。《隋书》卷七《礼仪志二》载梁天监三年（504），都令史王景之上奏，认为皇帝在郊庙祭祀进入斋戒时，遇上百姓丧事，哀哭之声传到斋所属于违礼现象，主张禁断。尚书左丞何佟之进奏曰：

"案《礼》，国门在皋门外，今之篱门是也。今古殊制，若禁凶服不得入篱门为太远，宜以六门为断。"朝廷给出的判断是："六门之内，士庶甚多，四时蒸尝，俱断其哭。若有死者，棺器须来，既许其大，而不许其细也。"采用了何佟之的建议，决定斋戒之期只禁断斋所二百步之内的哭声。[1]都令史王景之的议论当然只是站在仪礼的角度而发，唯恐哀哭声影响到斋戒，而何佟之的议论则基于现实，希望只禁断都城六门之内的哭声，不需扩大至郭内。但无论如何，他们的议论，针对的均为丧事，而不是葬事。因此，篱门郭内葬人的现象在南朝时期原则上是不存在的。从迄今发现的南朝大中型墓的分布情况看，城南的葬地均在外郭国门与南篱门之外，城北均在北篱门之外，这一现象同样可以证明这一点。

1.《隋书》卷七《礼仪志二》，中华书局，1973年，页131。

三、建康城郊南朝帝王陵区的形成

（一）南朝帝王陵墓的判断与葬地分布

这里所说的帝王陵墓包括帝后陵与王侯墓葬两部分。南京地区目前地面尚存神道柱、石兽、墓碑的南朝帝王陵墓有21处，[2]这只是众多南朝帝王陵墓中的一小部分。在地面石刻不存的情况下，笔者将判断帝王陵墓或相当于这个级别墓葬的标准设为以下几点：甬道内设有石门，墓室内往往设置石祭台、石质人物俑、石质动物俑、石墓志等，个别是陶俑。总之，石葬具的使用是帝王陵墓或这一

2.参见梁白泉主编《南京的六朝石刻》第三章"南京地区现存南朝陵墓神道石刻表"，南京出版社，1998年。

级别墓葬的共同特征，而其中又以石门为主要依据。

由于南朝陵墓石葬具均为石灰岩，加之历代的盗掘，因此石祭台、石墓志、石俑的保存情况并不好；与之相比，甬道中的石门因体量大、难被盗掘，所以保存情况较好。石墓门由两侧门柱、双门扇和半圆形门楣构成，半圆形门楣上浮雕人字栱，石门上均刻有精美的线画。带有石

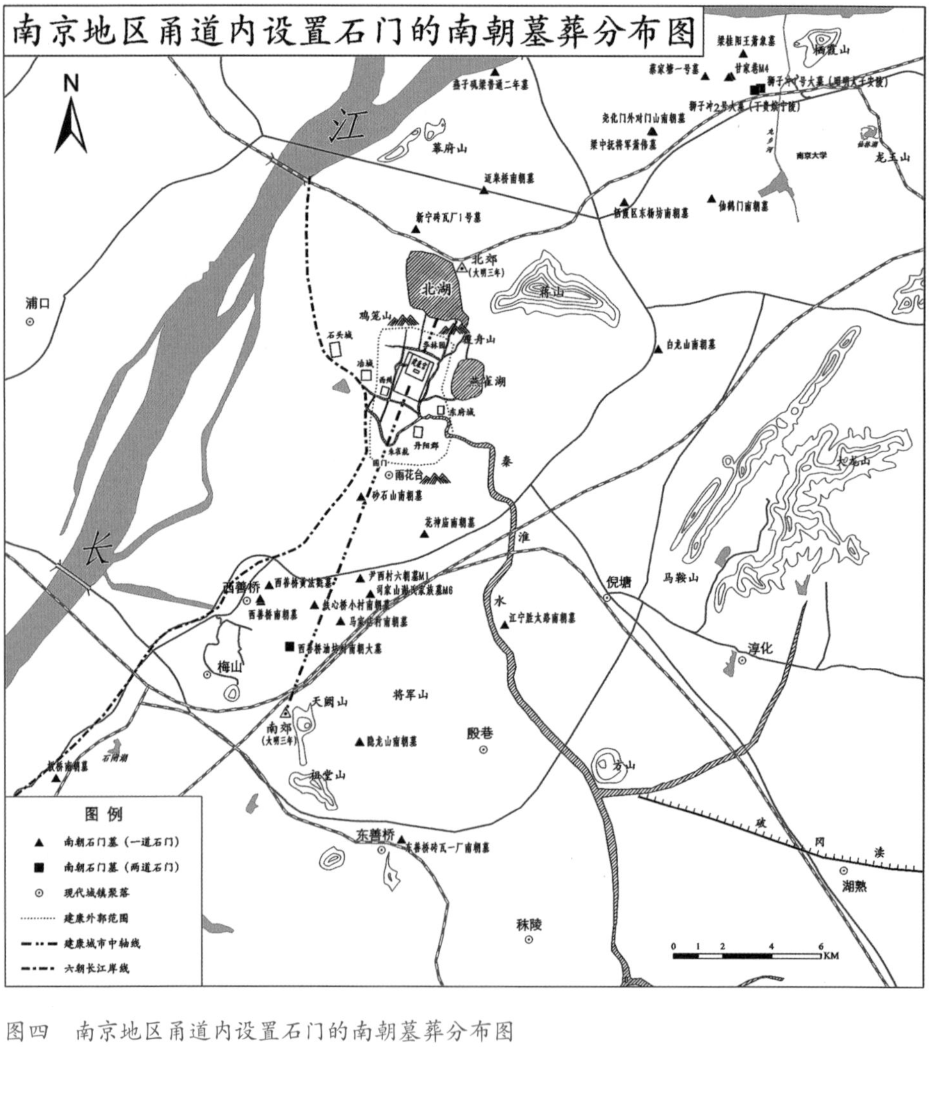

图四　南京地区甬道内设置石门的南朝墓葬分布图

1. 南京市博物馆、雨花区文化局:《南京南郊六朝谢琉墓》,《文物》1998年第5期。

2. 南京市文物保管委员会:《南京市郊区两座南朝墓清理简报》,《文物》1980年第2期。

门的南朝墓葬在南京地区发现较多，据公开发表的资料共计31座。

大中型墓葬甬道中设门是东晋的传统。东晋大中型墓甬道的门为木质，易腐烂，所以在发掘中只能确认门槽。设两道木门的是帝陵，南京大学北园东晋墓与南京汽轮电机厂东晋墓是其代表，分别被推测为晋成帝兴平陵和穆帝永平陵。设置一道木门的除宗室王侯墓外，还有琅琊颜氏、陈郡谢氏等高门大族的墓葬。葬于刘宋建国次年（421）的司家山谢琉墓，[1] 甬道内设置一道木门，是高门大族墓葬甬道设置木门的最后一例，东晋以来的传统就此退出历史舞台。南朝时期，除极个别的特殊赐葬外（如燕子矶梁普通二年墓，据出土墓志，墓主人非宗室成员），[2] 只有帝后陵墓甬道内设置两道石门，王侯墓葬甬道内设置一道石门。石门的有无，可作为判断是否为帝王陵墓的重要标准，也可成为判断南朝帝王陵墓所在位置的重要线索。

图四是基于南朝墓葬统计资料绘制的甬道内设置石门的南朝墓葬分布图，与图一的南朝墓葬分布图相比，帝王陵墓的选址依然集中在建康城南与城北这两大区域，说明除就近埋葬的平民墓葬外，居住在建康城内的社会上层，上从帝王下至贵族、官员，在埋葬空间的选择上并没有什么本质差异。然而，图四没有标注地面尚有遗存但未经发掘的陵墓，如果将这一部分考虑在内，那么建康城东也存在着梁建安侯萧正立墓、陈霸先万安陵以及侯村、宋墅

等好几处失名墓。但无论是城南、城北还是城东，与东晋陵区不同，南朝陵墓距离建康外郭的距离都很远，城东的几座陵墓也都在倪塘以东，这与建康都城境域观念不断更新有着较大的关系。总体上虽然如此，但具体陵区的形成，却依然有其各自的缘由。

笔者曾经指出，东晋鸡笼山陵区、幕府山陵区、钟山陵区的形成，与皇统的变化密切相关。[1] 这一政治传统继续影响着南朝。

（二）刘宋陵墓区的形成

刘裕原本是南渡侨居丹徒（今镇江市区及郊外）务农的社会底层人员，凭借军功逐步控制了东晋朝廷的实权，并最终代晋建立宋朝。建国后，追尊其父刘翘为孝穆皇帝，并整修丹徒县东乡练壁里雩山的刘翘及原配墓葬，号兴宁陵。刘裕继母萧氏薨后也别圹合葬兴宁陵。

由于刘裕是出身低微、寄居丹徒的侨民，自家不太可能有像样的、固定的墓地，缺乏中古贵族死后归葬旧茔的观念及家族纽带，因此，刘裕建国后就在都城东郊择地建立陵园，号初宁陵。初宁陵位于“丹阳建康县蒋山”，[2] 皇后臧氏合葬。《建康实录》称初宁陵“在县东北二十里，周围三十五步，高一丈四尺”。[3] 今南京市栖霞区麒麟门麒麟铺村的一对石麒麟，被认为是初宁陵前的遗物。

刘裕死后，长子刘义符即位，是为少帝。少帝很

1. 前引张学锋、陈刚：《孙吴、东晋的都城空间与葬地》。

2.《宋书》卷三《武帝纪下》，页59。

3.《建康实录》卷十一《高祖武皇帝》，页398。

快被杀，葬地不明。武帝第三子刘义隆随即被推上皇位，是为文帝。文帝死后葬长宁陵，“陵在今县东北二十里，周回三十五步，高一丈八赤（尺）”。[1] 文帝长宁陵与武帝初宁陵相距甚近，以至于《元和郡县图志》称“宋武帝刘裕初宁陵、文帝义隆长宁陵，并在县东北二十二里蒋山东南”，[2] 将二陵视为同处。武帝初宁陵、文帝长宁陵一带可称之为刘宋蒋山陵区。文帝长宁陵的位置不明，尚无定说，[3] 但钟山东南马群白龙山南朝墓（甬道内一道石门）[4] 附近到今麒麟铺之间可以作为候补地点。

文帝被自己的长子刘劭所杀，文帝第三子刘骏发动政变登上皇位，是为孝武帝。孝武帝死后“葬丹阳秣陵县岩山景宁陵”，[5] 皇后王氏祔葬。景宁陵的地点，《建康实录》称“在今上元县南四十里岩山之阳”。[6]《元和郡县图志》称“孝武帝骏景宁陵，在县西南四十里岩山”。[7] 孝武帝景宁陵为什么没有安排到蒋山陵区，而是在城南岩山营建，这应该与皇统观念有关。孝武帝的生母路氏，以色貌选入后宫，生下孝武帝后升为淑媛，地位较低，直到孝武帝政变成功即位为帝后，才被尊为皇太后。路太后死后，宋明帝诏命“史官可就岩山左右，更宅吉地”，“葬世祖陵东南，号曰修宁陵”。[8] 可见路太后修宁陵也在岩山陵区。南朝帝室葬制中，有在生母墓侧留“长子位”的规定，岩山陵区就是以路太后修宁陵与孝武帝景宁陵为主营建的。

孝武帝是通过政变夺得皇位的，在皇统上，当然不可能继承少帝，甚至也不可能继承其兄文帝，只有声称直接

1.《建康实录》卷十二《太祖文皇帝》，页450。

2.（唐）李吉甫撰，贺次君点校：《元和郡县图志》卷二十五《江南道一》，中华书局，1983年，页597。

3. 王志高《南京麒麟铺南朝陵墓神道石刻墓主新考》（初载《南京晓庄学院学报》2006年第2期，后收入其著《六朝建康城发掘与研究》，江苏人民出版社，2015年）认为，麒麟铺的石刻应该属于文帝长宁陵，而武帝初宁陵则位于今马群一带。

4. 南京市博物馆、栖霞区文管会：《江苏南京市白龙山南朝墓》，《考古》1998年第12期。

5.《宋书》卷六《孝武帝纪》，页135。

6.《建康实录》卷十三《世祖孝武皇帝》，页486。

7.《元和郡县图志》卷二十五《江南道一》，页597。

8.《宋书》卷四十一《后妃传》，页1288。

1.南京市博物馆、江宁区博物馆:《南京隐龙山南朝墓》,《文物》2002年第7期。

2.《宋书》卷七《前废帝纪》,页147。

3.《建康实录》卷十三《少帝》,页491。

4.《宋书》卷四十一《后妃传》,页1293。

5.《宋书》卷九《后废帝纪》,页188。

6.《建康实录》卷十四《后废帝》,页518。

7.《宋书》卷八《明帝纪》,页169。

8.《建康实录》卷十四《太宗明皇帝》,页512。

承自武帝,他的皇位才具有合法性。因此,像东晋帝陵那样,另择他地营建陵园势在必行。岩山的具体地点不详,推测在今南京市城南将军山之南。隐龙山发现的3座大墓,甬道内各设一道石门,且均出土石祭台、石俑、石兽等高等级随葬品,推测与孝武帝景宁陵有关。[1]这个陵区可以称作岩山陵区。

孝武帝死后,由长子刘子业继位,不久被废,史称前废帝。死后葬“丹杨秣陵县南郊坛西”,[2]《建康实录》亦载“葬少帝于南郊坛”。[3]这里的“南郊坛”,即前文所述孝武帝大明三年礼制改革时在牛首山设置的南郊坛,可知前废帝葬在建康城南牛头山西侧。前废帝何皇后早薨,明帝即位后,“迁后与废帝合葬龙山北”,[4]据此,更可具体到前废帝葬于牛头山西侧的龙山。十余年后,继明帝而立的后废帝刘昱,死后也葬在“丹阳秣陵县郊坛西”,[5]《建康实录》亦称“葬丹杨秣陵县郊坛西”。[6]郊坛西陵区与孝武帝岩山陵区相距不远,从大范围上来看可视为一处,但郊坛西陵区毕竟葬的是前后两位废帝,陵区性质与岩山陵区应该不同。

通过政变从前废帝手中夺取皇位的是文帝第十一子刘彧,是为明帝。明帝与孝武帝是同父异母兄弟。出于同样的皇统问题,明帝不可能葬入蒋山陵区,也不可能葬入岩山陵区,另外营建陵区当在预料之中。明帝死后,“葬临沂县莫府山高宁陵”,[7]《建康实录》亦载其“葬临沂县幕府山高宁陵”。[8]明帝之所以选择建康城北幕府山为陵区,主要是因为其生母沈婕好元嘉三十年(453)卒后葬在幕府山。明帝即位后追尊为皇太后，陵曰崇宁。[1]可见明帝幕府山陵区是追随生母沈婕妤崇宁陵而建的。幕府山陵区，据《元和郡县图志》称“在县北十九里幕府山东南”，[2]新宁砖瓦厂1号墓等幕府山东南麓的高等级墓葬或许与之相关。[3]

1.《宋书》卷四十一《后妃传》，页1294。

2.《元和郡县图志》卷二十五《江南东道一》，页597。

3. 华东文物工作队：《南京幕府山六朝墓清理简报》，《文物参考资料》1956年第6期。

综上所述，刘宋陵区可以分为蒋山、岩山、郊坛西、幕府山四处，之所以刘宋帝陵没有形成一个完整的陵区，与刘宋宗室骨肉相残，皇统屡变有极大的关系。

（三）建康东北萧梁陵墓区的形成

与刘宋与陈朝帝王的出身相比，建立齐、梁两代的兰陵萧氏虽然门第不算太高，但南迁后在武进县（天监元年改为兰陵县）东城里（今丹阳市东北）一带建立起了萧氏祖茔，逐渐走上了教养化贵族的道路，经齐、梁两代的经营，成为南朝贵族的一员，进入隋唐，兰陵萧氏被视为南朝文化的代表。齐、梁帝后死后归葬东城里北部的经山与南部的东城里山，没有在建康城郊营建陵园。

与帝后的归葬不同，齐、梁两代的王侯大多在建康郊区择地埋葬，萧齐的情况不太清楚，萧梁的王侯墓葬比较清楚，主要集中在建康城东北的甘家巷一带，计有9处地面遗存。个别的如建安敏侯萧正立墓和南康简王萧绩墓则位于建康城东南的江宁和句容，当然部分失名墓为萧梁王侯墓葬的可能性也非常大。

建康东北的今甘家巷一带，两汉吴晋以来就是相对集中的葬地。萧梁王侯墓为什么会集中选择葬在甘家巷一带？换言之，是何种原因促成建康东北萧梁王侯陵墓区的形成？通过考察第一批葬入该区的萧氏墓主身份和相关经历，可以断定其关键人物是梁武帝萧衍的长兄萧懿和五弟萧融。

萧懿于齐永元二年（500）征讨叛将裴叔业，任豫州刺史，后又入建康平定崔慧景之乱，同年十月因受东昏侯猜忌而被毒杀。萧懿被杀后，南齐朝廷对萧氏兄弟展开搜捕，萧融因此被抓并遇害，“诸弟侄各得奔避”。[1] 直至次年九月，萧衍大军进至建康西南的新林时，诸弟侄才敢浮出水面，奔赴相见。萧懿、萧融被朝廷所害，萧氏众人因遭搜捕而隐匿逃亡，在这种形势下，两人应很难得到妥善安葬。萧衍平定建康代齐即皇帝位后，于天监元年（502）追赠萧懿为长沙郡王，“葬礼一依晋安平王故事”。[2] 萧融墓志称萧融天监元年“葬于弋辟山”。[3] 弋壁山就在甘家巷村迤北。萧融墓经过发掘，砖室总长 9.8 米，墓室内宽 3.15 米，墓葬规模超过同时期一般高等级墓葬，[4] 与稍后的萧象[5]、萧秀[6]、萧伟[7] 等宗王墓规模相当，达到了萧梁王墓的级别。显然，两人是在天监元年按照新追赠的身份重新安葬的。萧懿墓的具体地点目前无法得知，然而根据萧融墓以及此后其他兄弟的葬地选择来看，也应该位于甘家巷一带。

天监元年对萧懿、萧融（可能也包括萧敷、萧畅）的重葬，或许就是建康城东北萧梁陵墓区形成的契机。梁武帝即位之初对诸兄弟的一系列追赠、重葬、册封、

1.《梁书》卷二十二《太祖五王传·安成王秀》，页 342。

2.《梁书》卷二十三《长沙嗣王业传》，页 360。

3.《梁故散骑常侍抚军大将军桂阳王萧融墓志铭》，故宫博物院、南京市博物馆编：《新中国出土墓志·江苏[贰]南京》，文物出版社，2014 年，页 33。

4. 南京市博物馆：《南京梁桂阳王萧融夫妇合葬墓》，《文物》1981 年 12 期。

5. 南京博物院：《梁朝桂阳王萧象墓》，《文物》1990 年第 8 期。

6. 南京博物院、南京市文物保管委员会：《南京栖霞山甘家巷六朝墓群》，《考古》1976 年第 5 期。

7. 南京博物院：《南京尧化门南朝梁墓发掘简报》，《文物》1981 年第 12 期。

任命，宣示了宗室力量在新建政权中的显赫地位和重要意义，这对稳固自身的统治地位无疑大有帮助。在将宗室陵区确定在建康东北的同时，梁武帝追封亡妻郗氏为皇后，将位于故里东城里山祖茔的郗氏墓扩建为“修陵”，明确了自己百年之后归葬祖茔、合葬修陵的态度，以此突出了皇帝在萧梁宗室中的特殊地位。天监元年宗室墓葬制度的调整，是梁武帝即位之初实施的一项重要措施。某种意义上，建康东北萧梁陵墓区的规划，拉开了梁武帝时期一系列制度变革的序幕。

甘家巷一带现存墓主身份相对明确的萧梁陵墓包括：吴平忠侯萧景墓、始兴忠武王萧憺墓、鄱阳忠烈王萧恢墓、安成康王萧秀墓、桂阳简王萧融墓、南平元襄王萧伟墓、新渝宽侯萧暎墓、临川靖惠王萧宏墓、昭明太子萧统安陵及其生母丁贵嫔宁陵[1]、桂阳敦王萧象墓。因有多座墓葬已发掘，信息明确，结合墓葬资料和地表石刻，对萧梁宗室埋葬制度的研究具有重要意义。

（四）陈朝陵墓区的形成

陈高祖陈霸先出自吴兴郡长城县（今浙江长兴县），是南朝晚期典型的地方武力强宗，与宋武帝刘裕相似，死后归葬故里旧茔的观念稀薄，建国后在建康东郊营建陵园。《陈书·高祖传》称葬万安陵，皇后章氏祔葬，但未言具体地点。《建康实录》称“葬于万安陵，在今县东南三十里彭城驿侧，周六十步，高二丈”，[2]《元和郡县图志》称“陈武帝霸先万安陵，在县东三十八里方山西北”。[3]

1. 南京市考古研究所:《南京栖霞狮子冲南朝大墓发掘简报》,《东南文化》2015年第4期。许志强、张学锋:《南京狮子冲南朝大墓墓主身份的探讨》,《东南文化》2015年第4期。

2.《建康实录》卷十九《高祖武皇帝》，页759。

3.《元和郡县图志》卷二十五《江南东道一》，页597。

近人据历代文献将之考订在今江宁区上坊村石马冲。[1]

陈朝第二代皇帝文帝陈蒨，是高祖陈霸先的侄儿，始兴昭烈王长子，死后葬永宁陵。《陈书》本纪未载永宁陵的地点，《建康实录》称“陵在今县东北四十里陵山之阳，周四十五步，高一丈九尺”，[2]《元和郡县图志》亦称“文帝蒨永宁陵，在县东北四十里蒋山东北”。[3]关于永宁陵的位置，20世纪30年代，学者朱希祖认定今栖霞区新合村狮子冲的一对麒麟是陈文帝永宁陵前石刻。[4]1973年，在南京东郊灵山南麓发掘了一座南朝大墓，当时曾有意见认为灵山大墓才是陈文帝永宁陵。[5]罗宗真先生通过对灵山大墓所出高达79厘米的青瓷莲花尊的考察，认为这类罕见的青瓷莲花尊，在国内其他地区亦均见于南朝晚期和隋代墓葬中，因此认定灵山大墓就是陈文帝永宁陵。[6]2013年经考古发掘，证实狮子冲南朝大墓为梁昭明太子与其生母丁贵嫔的安宁陵，而非陈文帝永宁陵，[7]因而1973年发掘的灵山大墓是陈文帝永宁陵的可能性非常大。陈武帝万安陵与文帝永宁陵虽然都在建康城之东，但万安陵在建康东南，永宁陵在建康的正东偏北，两陵之间相距甚远，应该不属于同一个陵区。

文帝死后，长子陈伯宗继位，两年后被废，是为陈废帝，不知是否有陵号，亦不知其葬地。始兴昭烈王第二子，文帝之弟陈顼继位，是为陈宣帝。宣帝死后葬显宁陵，《陈书》《建康实录》均不载其陵所，相关信息最早见于《元和郡县图志》：“宣帝顼显宁陵，在县南四十里牛

1. 中央古物保管委员会编辑委员会编：《六朝陵墓调查报告》，1935年初版，2010年南京出版社整理出版，页120-121。

2.《建康实录》卷十九《世祖文皇帝》，页768。

3.《元和郡县图志》卷二十五《江南东道一》，页597。

4. 中央古物保管委员会编：《六朝陵墓调查报告》，1935年初版，2010年南京出版社整理出版，页122-125。

5.1973年发掘的灵山大墓，因出土形制巨大的青瓷莲花尊而著名，但完整的资料迄今未能公布，故未列入附表。此处参见罗宗真《六朝考古》第四章，南京大学出版社，1994年，页71-72。

6. 罗宗真：《六朝陵墓及其石刻》，初见《南京博物院集刊》第一辑，1979年。又见其著《六朝考古》第四章，南京大学出版社，1994年，页71-74。

7. 南京市考古研究所：《南朝栖霞狮子冲南朝大墓发掘简报》，《东南文化》2015年第4期。许志强、张学锋：《南京狮子冲南朝大墓墓主身份的探讨》，《东南文化》2015年第4期。

头山西北。”[1]牛头山在建康城南，作为陈武帝的侄儿、陈文帝的弟弟，又是通过宫廷政变获得的皇位，因此，基于皇统的差别，宣帝择地另建陵区也在情理之中。牛头山西北西善桥油坊村一带，1960年发掘了宫山大墓，[2]该墓因墓壁上完整的“竹林七贤与荣启期”砖印壁画而著名。1961年，南京博物院又在宫山大墓附近的油坊村罐子山北麓发掘了一座南朝晚期的大型砖室墓，[3]该墓虽然盗毁严重，但从残砖上依然可以判断出有“羽人戏龙”“羽人戏虎”“竹林七贤与荣启期”等帝陵特有的砖印壁画痕迹，应该属于南朝晚期帝陵，目前学界一致认为是陈宣帝显宁陵。王志高通过对墓葬形制、随葬遗物、甬道内的两道石门以及仅见“竹林七贤与荣启期”而不见“羽人戏龙”“羽人戏虎”砖印壁画等现象，判断宣帝显宁陵附近的宫山大墓为陈废帝陵墓。[4]笔者赞成此说。因此，我们有理由相信，以罐子山南朝墓为中心，包括其2公里范围内的西善桥砖瓦厂义阳郡公黄法𣰰墓（卒于宣帝太建八年）[5]、马家店砖瓦厂南朝墓[6]、铁心桥小村南朝墓[7]等南朝晚期大型砖室墓，共同构成了包括西善桥、油坊村、铁心桥在内的陈朝牛头山西北陵区。

由此，陈朝立国32年，历5帝，除后主国亡入隋卒葬北邙山外，其他4帝分别葬于建康东南的方山陵区、城东的灵山陵区与城西南的牛头山西北陵区。

1.《元和郡县图志》卷二十五《江南东道一》，页598。

2. 南京博物院、南京市文物保管委员会:《南京西善桥南朝墓及其砖刻壁画》,《文物》1960年第8-9期。

3. 罗宗真:《南京西善桥油坊村南朝大墓的发掘》,《考古》1963年第6期。

4. 王志高:《简议南京西善桥“竹林七贤”砖印壁画墓时代及墓主身份》,《中国文物报》1998年12月30日。后收入其著《六朝建康城发掘与研究》，江苏人民出版社，2015年。

5. 南京市博物馆:《南京西善桥南朝墓》,《文物》1993年第11期。

6. 南京市博物馆、雨花台区文化局:《南京铁心桥马家店村南朝墓清理简报》,《南京文物考古新发现》，江苏人民出版社，2006年，页105-111。

7. 南京市博物馆:《南京市雨花台区铁心桥小村南朝墓发掘简报》,《东南文化》2015年第2期。

四、结 语

1.《建康实录》卷十一《高祖武皇帝》，页384。

东晋政权脱胎于中朝西晋，带有浓厚的流寓色彩，即使在一而再再而三的北伐失利的现实面前，恢复中原故土，依然是东晋政府的政治追求。因此，包括生死空间在内的礼仪制度的完善，都处在一种临时的感观上。然而，到了东晋晚期刘裕彻底掌控东晋朝廷的实权以后，这一系列的问题都在朝着现实主义的方向发展。义熙九年（413）的彻底土断，象征着在社会生活层面上与中原做出了告别；义熙十三年灭后秦后，即使是在“残民不见王师百年于兹矣，始睹衣冠，人人相贺”[1]的关中百姓面前，刘裕还是毅然决然地将其彝器、浑天仪、土圭、指南车、计里鼓、秦汉大钟、魏铜蟠螭、百工等象征国家礼仪、国家技术的器物和人物带回了建康，这是政治上与中原的决裂。这一切都显示着流寓政权的终结和土著政权的开始。

刘宋建立以后，作为东晋历史发展的尾绪，宋文帝元嘉二十七年（450）再次发动北伐，遭到失败。失败后的刘宋朝廷最终认识到恢复中原已不是自家事，在这样的现实面前，孝武帝开始主张以建康为中心的天下观，改革建康都城的礼仪空间，“江南—中国”与“中原—索虏”这一南北政治、文化上的新对峙趋于定格。南朝政权的土著化，给建康的都城空间与郊域墓葬带来的影响是重大的，这里不再重复，仅就帝王陵墓石刻与封土来窥视这一影响的结果。

许嵩《建康实录》卷八叙述东晋穆帝葬永平陵时，通叙了东晋帝陵的所在："案，晋十一帝有十陵，元、明、成、哀四陵在鸡笼山之阳，阴葬不起坟。康、简文、武、安、恭五陵在钟山之阳，亦不起坟。惟孝宗一陵，在幕府山，起坟也。"[1]关于晋穆帝永平陵堆砌封土的原因，笔者在旧稿中已有所说明。[2]东晋时期的贵族墓是否普遍起坟，目前还不是太清楚。据迄今为止的发掘事例，西晋时期的宜兴周氏家族墓有封土；南朝刘宋时期的明昙憘墓，发掘时墓上的封土虽然不是很厚，但却表明是起坟的；东晋琅琊王氏成员王丹虎墓，发掘时墓室距地面10余米，在不大的范围内挖下10余米砌墓室是难以想象的，因此，推测上面的覆土应该是封土。江南墓葬，为了防湿，多在山腹上埋葬，因此，即使有封土，其坟亦不会太高，又可能封土未经夯实，所以保存至今的实例恐怕不多。穆帝永平陵被安置在幕府山之阳，又起坟，有意识地将之作为一般皇室贵族成员对待的可能并不是没有。穆帝永平陵之外的东晋九陵，在埋葬形式上全部采用"阴葬不起坟"的制度，这是曹魏、西晋以来的中原制度。然而，前文所引史料中出现的南朝帝陵，宋武帝初宁陵"周围三十五步，高一丈四尺"，宋文帝长宁陵"周回三十五步，高一丈八赤（尺）"，陈武帝先万安陵"周六十步，高二丈"，陈文帝永宁陵"周四十五步，高一丈九尺"，等等，都筑起了周长60米左右、高近5米的封土。

由于年代久远，南朝帝王陵墓上的封土几乎不存，但

1.《建康实录》卷八《孝宗穆皇帝》，页228。

2. 张学锋：《东晋の哀帝——哀帝を通してみた东晋前、中期の政治と社会》，《古代文化》第52卷第8号，2000年。修订后的中文稿《东晋的哀帝——东晋前中期的政治与社会》，载《南京大学历史系考古专业成立三十周年纪念文集》，天津人民出版社，2002年。又见自选论文集《汉唐考古与历史研究》，生活·读书·新知三联书店，2013年。

至今还矗立在陵墓神道两侧的麒麟、辟邪、神道柱、墓碑等石刻，告诉我们南朝至少在葬制上已经告别了曹魏两晋以来的文化传统，建立起了独自的制度体系。江南成故乡，这正是南朝政权土著化的结果。

（本文原载《中华文史论丛》2019 年第 3 期）

第六讲

鲜卑铁骑下的游吟诗人

—— 侯景之乱与萧梁皇室的文化传承

·童 岭

一、空虚的半世纪：《文选》学的一个疑点

游吟诗人，这个词汇本不属于中国古典文学。

所谓游吟诗人（Troubadour），原是指欧洲中世纪音乐诗人。他们来往于贵族的城堡与领地之间，创作并吟唱其诗作。无形中，他们所歌唱的诗篇，保留了中世纪的历史事件，而其题材则大多和骑士有关。[1]

固然，中国的中古与西方的中世纪（Medieval）在内涵和外延上均有很大差别。[2] 那么，本文取之作譬喻，所指为何呢？这里的“骑士”，借指公元六世纪后半叶北中国的鲜卑胡族骑兵；这里的“游吟诗人”，则是借喻传承梁代宫廷文学集大成之作即《文选》的南中国皇室与门阀士大夫。当然，本文中将讨论的对象，其范围会超过狭义的“诗人”(Poet)。

梁武帝前期，是南朝少有的繁盛时代。[3]《梁书·武帝纪》说：“三四十年，斯为盛矣。自魏晋已降，未或有焉。”[4] 学术文化正是在这“未或有焉”的大环境下得到了快速的发展。表现在文学领域，自然是文士辈出，由此，为总集的编纂提供了丰富的土壤。[5] 其中，萧梁皇室就编纂过为数不少的类书、总集。如萧秀的《类苑》100卷、

1.*The troubadours*, by H.J. Chaytor. Cambridge University Press, 1912. (The Cambridge manuals of science and literature). 比如最有名的Troubadour之一是Guillaume de Poitiers（普瓦捷的纪尧姆）。普瓦捷为中世纪名城，查理曼大帝曾在此打败摩尔人入侵，著名的《罗兰之歌》描绘的便是此次战役。又如，《尼伯龙根之歌》也是靠口头吟唱，方才在中世纪基督教的强势文化压力下得以流传，参考钱春绮译：《尼伯龙根之歌·译后记》(人民文学出版社，1959年)，页503-504。

2. 孙英刚：《西方学术话语与东方史学脉络——以“Medieval”为例》，《人文杂志》2010年第2期。

3. 川胜义雄称其为六朝南方贵族文化的顶峰，说见其著《魏晋南北朝》(讲谈社学术文库，2003年)，页263-269。

4.（唐）姚思廉：《梁书》卷三《武帝纪下》，中华书局，1973年，页97。

5. 傅刚：《〈昭明文选〉研究》第一章《汉魏六朝编纂考论》，中国社会科学出版社，2000年。

萧衍的《历代赋》10卷……而昭明太子萧统更是梁武诸子中之翘楚，《梁书》本传云（本文着重号皆为笔者所加，后同）：

> 引纳才学之士，赏爱无倦。恒自讨论篇籍，或与学士商榷古今；闲则继以文章著述，率以为常。于时东宫有书几三万卷，名才并集，文学之盛，晋、宋以来未之有也。[1]

在聚集了江南“名才”之后，萧统所编的《文选》，则是现存最早的一部总集，其意义与价值，从早已被学人标为“选学”的二字中可见一斑。这部成书于公元六世纪中前期的《文选》，[2]其巨大的影响力在中古时代即已波及汉文化的“东极”与“西陲”，比如，留存至今的日藏《文选集注》与敦煌钞本等等，皆是其证。

然而，作为一门“学”，通常的研究著作，如骆鸿凯《文选学》[3]等等，均把入隋的萧该算作“选学”的第一人，再把曹宪视为“选学”的奠基人。这固然没有错。但是，从《文选》成书，至隋代萧该登场的约五十年间，“选学”是如何传承的？虽然没有直接的文献史料，但我们似乎也不能认为“选学”直接从梁代“跳入”了隋唐。

对于六朝后期的这一《文选》“空虚期”，冈村繁曾经过于简单地从文学研究的角度认为：“当时知识人对《文选》实有今天看来令人惊讶的轻视之意。”[4]——真的是六朝后期知识人轻视《文选》吗？还是另有原委？

于是，在这空虚的近半个世纪中，“选学”是怎样在

1.《梁书》卷八《昭明太子传》，页167。

2. 关于《文选》成书的时间，学界尚未统一。可参：王立群：《〈文选〉成书研究》（商务印书馆，2005年）第五章《〈文选〉成书时间研究》。笔者倾向于采取一种比较保守的态度：公元526-531年间。《文选》体例乃“不录存者”，公元526年是所收作者最晚的陆倕的卒年，公元531则是萧统的卒年。

3. 骆鸿凯谓：“自《文选》书成，至隋即有萧该著书，首加研讨，实开《文选》学之先河。”说见其著《文选学》（中华书局，1989年），页42。

4. 参见冈村繁著、陆晓光译《文选之研究》（上海古籍出版社，2002年）第一章第二节《六朝末期文坛对〈文选〉的反应》，页71。

六朝后期进行研习与保存的？其传承的系谱又如何？“令人惊讶”的到底是什么？本文将利用以往较为忽略的视角对这一“徘徊”的选学问题进行“突破”，力图回答上述的疑惑。

二、侯景之乱后“国祚”与“学统”传承的双重危机

庾信《哀江南赋》云：“五十年中，江表无事。”[1]这五十年大抵为梁武帝萧衍的在位时间，对比华北的东、西魏兵戎相争，反观江南可谓一片升平。而梁武帝治下的建康等地，更是北方（尤其是东魏）士大夫憧憬的“文化中国”所在。

然而这一切的繁华盛世，都因“侯景之乱”而灰飞烟灭。侯景，他虽然取着汉式姓名，但据姚薇元《北朝胡姓考》考证，是本姓“胡引氏”的羯族人。[2]在未投梁朝之前，他即在北方豪言壮语道：“要须济江缚取萧衍老公，以作太平寺主。”[3]梁武帝太清二年（548）八月，侯景接受谋士王伟“兵闻拙速，不闻工迟”之建议，率领“铁面骑兵”[4]快速由寿阳举兵反，攻入建康。颜之推《观我生赋》有云：

> 武皇忽以厌世，白日黯而无光。既飨国而五十，何克终之弗康？[5]

梁武帝死于侯景之乱，固然引起了普通士大夫的悲哀。但这种悲哀，却与前朝帝王之死有所不同。因为梁武帝的

1.（北周）庾信撰、（清）倪璠注、许逸民校点：《庾子山集注》卷二，中华书局，1980年，页111。

2. 姚薇元：《北朝胡姓考》，中华书局，1962年，页84。

3.（唐）李延寿：《南史》卷八十《侯景传》，中华书局，1975年，页1993-1994。司马光《资治通鉴》（中华书局，1956年）卷一百五十九亦有同句，胡三省于此下注曰：“史言侯景夙有取江南之志。太平寺盖在邺。”（页4945）然考东魏、北齐邺城诸寺，有“天平寺”而无“太平寺”，恐此处乃侯景一时之语。

4.《南史》卷八十《侯景传》，页1999。又，承蒙南京大学历史系周言兄来信告示：“铁面甲可能是铁护面之类，兜鍪向脸部延伸部分以保护面部，古代甲骑具装（人马皆着甲的重骑兵）似乎较多见，一般重步兵也可能有。由于古代对甲胄的管制很严（比如西汉周亚夫因此获罪），因此出土实物不多。真正的铁甲护面少见（西方较多）。南北朝的也较少见，侯景是北方军队，可能有之，粗一点称为铁面甲也可以。”

5.（唐）李百药：《北齐书》卷四十五《颜之推传》，中华书局，1972年，页619。

死，不仅仅是一位帝王的逝世，更宣告着一个时代的结束。详细的战争经纬，特别是帝都建康以及长江下游的兵乱形势，非本文讨论之重点。[1] 原本富庶繁华、文明发达的江南地区，瞬间即“千里绝烟，人迹罕见，白骨成聚，如丘陇焉”。[2]

在梁武帝萧衍的八子中：

萧衍（武帝）——
- 1、萧统◎
- 2、萧综（投魏）
- 3、萧纲（简文帝）※
- 4、萧绩◎
- 5、萧续◎
- 6、萧纶 ※
- 7、萧绎（元帝）——萧方智（敬帝）
- 8、萧纪 ※

图 1　梁武帝诸子图

标“◎”号者，代表侯景之乱前即已去世；其余诸子姓名后标有“※”号者，皆直接或间接死于侯景之乱。其中，尚有第二子萧综不认萧衍为父，在侯景之乱前二十余年即投奔北魏，断绝了父子关系。从上图可知，梁武帝的直系子辈，大部分皆死于公元六世纪后叶。

侯景之乱后，江南面临两大问题：一是国祚的延续，二是学统的延续。这都是皇室与门阀士大夫共同关心的问题。东晋以来的王谢高门、吴地世族以及宋、齐、梁三代的皇室，他们所代表的世族学术与文学，因为在侯景之乱中政治地位急速下降，也相应地出现了传承危机。聚焦到兰陵萧氏的皇室文学传统，无论是三派[3] 中的哪一派，其学、其人都有凋零殆尽之感。对成书于侯景之乱前仅二十

1. 这一议题可参：吉川忠夫：《侯景の乱始末记——南朝贵族社会の命运》（中央公论社，1974 年）；李万生：《侯景之乱与北朝政局》（中国社会科学出版社，2003 年）；李万生：《南北朝史拾遗》（三秦出版社，2003 年）。早期较重要的论文如：王仲荦：《侯景乱梁前后的南朝政治局势》，《文史哲》1955 年第 11 期。

2.《南史》卷八十《侯景传》，页 2009。

3. 周勋初：《梁代文论三派述要》，载其著《文史探微》，上海古籍出版社，1987年，页 88-115。

余年不到的《文选》来说，如何在颠沛流离的皇室和士大夫之中传承，是一个严峻的考验与严肃的使命。

镇守江陵的萧绎无疑成了士大夫的仰望所在。奔赴江陵，成了许多士大夫的首选。尤其需注意的是，大量由建康逃至梁元帝治下之江陵，后又辗转入西魏、北周的萧梁士人，他们对江南生活必然充满了怀念之情。检《隋书·经籍志》"古史"类，有大量此类怀旧之作。特别是那些出自兰陵萧氏集团人士之手者，如：

《梁典》 三十卷 刘璠撰

《梁典》 三十卷 陈始兴王咨议何之元撰

《梁太清记》 十卷 梁长沙藩王萧韶撰

《淮海乱离志》 四卷 萧世怡撰 叙梁末侯景之乱[1]

《梁史》 百卷 后周兰陵萧欣[2]

其中，除了第二位作者何之元的政治倾向不同外，其余皆是梁之旧臣。如刘璠（510—568），字宝义，初仕梁，后入北周，《周书》本传称其在侯景之乱时"喟然赋诗见志"，即使降北后，亦敢在宇文泰面前，为萧梁皇室力争。[3]又如第三、第四位作者，则皆是萧梁皇室成员，萧世怡（？—567）即梁武帝弟萧恢之子，梁亡后奔北齐。[4]

所谓"睹乔木而思故家，考文献而爱旧邦"，对于这些怀念梁武帝治下盛世的皇室成员以及逃至江陵的士大夫来说，武力复国非其所能，唯有在"游吟"着故国之思的同时，将悲哀寄托在皇室典籍的传承上，而代表有梁一代文集之盛的《文选》，由梁武帝嫡长子昭明太子萧统所

1. 兴膳宏、川合康三：《隋书经籍志详考》，汲古书院，1995年，页283-284。案，《史通》该书作者书"萧大圜"，清儒及近人有异说，参程千帆：《史通笺记》，中华书局，1980年，页94。

2. 此条为张鹏一《隋书经籍志补》所补，文载《二十五史补编》，中华书局，1957年，页4934。

3.（唐）令狐德棻等撰：《周书》卷四十二《刘璠传》，中华书局，1971年，页761-763。

4. 章宗源《隋书经籍志考证》云："《周书·萧世怡传》不载其著，唯《萧圆肃传》称圆肃撰《淮海乱离志》四卷。"载《二十五史补编》，页4960。今案，萧圆肃（539-584）为萧纪之子，梁武帝之孙，完全也有可能作过类似《淮海乱离志》之书。

编，毋庸置疑就成了这些皇室与士大夫争相传抄、保存的最好对象。《太平御览》引唐人丘悦《三国典略》云：

> 初侯景来，既据东宫……东宫图籍数百厨，焚之皆尽。初，太子梦作秦始皇者云："此人复欲焚书。"既而见焚，梦则验焉。[1]

梦中秦始皇所谓的"此人"，即侯景。东宫本梁太子所在，其中汇集了大量前太子萧统之所聚的图籍，加上新太子萧纲的图籍，共"三万卷"大多于此付之一炬。[2] 虽如罗炳绵《西晋迄隋战乱之损害》所谓："东宫之毁，损失书籍珍宝等文物最甚。"[3] 但这一次的书厄，并没有将《文选》在内的皇室典籍焚毁殆尽。考《隋书·经籍志》云有梁一代，"四境之内，家有文史"，[4] 陈登原谓："然侯景渡江，金陵秘省之经籍虽焚；而文德殿内书史，宛然犹存。"[5] 幸存的士大夫与一些皇室成员，必然携《文选》在内的书籍奔赴江陵。

左：拓跋虎墓武士骑马俑；右：叱罗协墓带点甲武士骑马俑
均采自：贠安志编著：《中国北周珍贵文物：北周墓葬发掘报告》，陕西人民美术出版社，1993年。

1.（宋）李昉等撰：《太平御览》卷六百一十九《学部十三·焚书》，中华书局，1960年，页2781。又可参丘悦撰，杜德桥（Glen Dudbridge）、赵超辑校：《三国典略辑校》，东大图书股份有限公司，1998年，页29。又可参胜村哲也：《六朝末の三国》，载《藤原弘道先生古稀记念史学佛教学论集》，内外印刷株式会社，1973年，页193-201。

2. 不少学者误以为侯景之乱时所焚烧的乃是江陵之图籍，比如周一良先生，其实不然。详参莫砺锋：《也谈关于"台城之炬"的误解》，载其著《宁钝斋杂著》，凤凰出版社，2012年，页143。

3. 罗炳绵：《西晋迄隋战乱之损害》，《新亚学报》第五卷抽印本，1960年，页208。

4.《隋书经籍志详考》，页20。

5. 陈登原：《古今典籍聚散考》第三章《汉以后四百年间之书籍聚散》，上海书店出版社，1983年，页171。又，汪习波认为"必然有一些抄本在战争中得到传播"，参其著《隋唐文选学研究》，上海古籍出版社，2005年，页42。我也赞同此种推测。

但随即残酷的事实是江陵覆灭，神州几经多故，旧籍日就沦亡。伴随着长江上游国土之丧失，梁元帝等人辛苦聚集的典籍也为之一炬。这一次的典籍损失，《隋书·经籍志》作“七万余卷”；颜之推《观我生赋》作“十余万”；《三国典略》、《资治通鉴》作“十四万卷”。[1]梁元帝在生命最后的时光悲痛道：“文武之道，今夜穷矣！”[2]这绝不是梁元帝一人的叹息，而是南方门阀士大夫的集体叹息之声。

江南文运“追随南朝世族的悲哀命运而濒临死灭”。[3]所以，对于彼时的士大夫来说，真正的浩劫，是从梁元帝萧绎去世之后开始的。暂时得到解决的“国祚”与“学统”双重危机又重新出现。而这一次之解决，恰恰是通过昭明太子直系后人所建立的一个“伪”政权——“后梁”来实现的。

方旗庙失考南朝石刻，墓据王志高先生考订为梁元帝陵

1. 司马光《资治通鉴考异》云：“《隋经籍志》云‘焚七万卷’，《南史》云‘十余万卷’。按周僧辩所送建康书已八万卷，并江陵旧书，岂止七万卷乎！今从《典略》。‘周’，当作‘王’。”见《资治通鉴》卷一百六十五，页5121。

2.《太平御览》卷六百一十九《学部十三·焚书》，页2781。

3. 姚大中：《南方的奋起》，三民书局，1981年，页139。

三、后梁春秋：从“昭明太子”到“昭明皇帝”

侯景之乱使得南朝最富庶的江浙地区遭到严重破坏。梁武帝死后，侯景先立梁武帝第三子萧纲为帝，是为简文帝，简文帝在位两年遇弑。后侯景又立萧统嫡长孙豫章王萧栋为帝，是为梁废帝。《梁书》无《萧栋传》，《南史》有其传云：

> 栋字元吉。及简文见废，侯景奉以为主。栋方与妃张氏锄葵，而法驾奄至，栋惊不知所为，泣而升辇。及即位，升武德殿，欻有回风从地涌起，翻飞华盖，径出端门，时人知其不终。于是年号天正，追尊昭明太子曰昭明皇帝，安王为安皇帝，金华敬妃蔡氏为敬皇后，太妃王氏为皇太后，妃为皇后。未几，行禅让礼，栋封淮阴王，及二弟桥、樛，并锁于密室。[1]

因为萧栋是傀儡皇帝，不久就禅位，使伪太宰王克奉玺绶于侯景，[2] 自己退位被囚禁于密室。但在此“禅让”的一幕中，“追尊昭明太子曰昭明皇帝”这则史料十分关键。据经学家马宗霍考证，这一次追尊，非萧栋之初意，乃“（侯）景矫栋诏为之”。[3] 为什么实际掌握帝都建康兵权的侯景，反而要追封昭明太子萧统？

这一问题，需要考察长江上游的形势。

长江上游的萧梁皇室本有希望重兴颓运。时萧绎镇荆州、萧纪镇益州、萧誉镇湘州、萧詧镇雍州。诸萧并未全力东下营救建康，而是预料到今后的帝位之争提前厮

1.《南史》卷五十三《梁武帝诸子附》，页1313。

2. 关于侯景获得的“玉玺”，据曹树铭考证，历代有“甲、以侯景得永和八年还晋之秦玺者”；“乙、以侯景得昔郗恢所得西燕之玺者”；“丙、以侯景得所谓‘真秦玺’者”；“丁、以侯景并未得玺者”四大说法，参其著《秦玺考》，万有图书公司，1966年，页29-30。略可见这段帝位传承的混淆与复杂。

3. 马宗霍著、戴维校点：《南史校证》卷五十三，湖南教育出版社，2008年，页843。

杀，吕思勉感喟到："代北残暴之风，江南淫靡之俗，合而成此大灾，只可谓人类所造之恶业，人类还自受之而已矣。"[1] 上举诸萧之中，前两者为萧统之弟，后两者为萧统之子。最终的结果，只剩下江陵的梁元帝萧绎和襄阳的萧詧两人相角，后者不能抗，乞师于鲜卑族所建立的西魏。

公元549年5月，梁武帝去世。这一年，即西魏文帝大统十五年，萧詧向西魏遣使称藩。也就在同一年，梁元帝令柳仲礼围攻萧詧治所襄阳。西魏政权派出杨忠救之。550年，西魏授意萧詧在襄阳称"梁王"。公元554年，西魏权臣宇文泰又令"八柱国"之一鲜卑族将军于谨（493—568）率铁骑精锐五万攻打江陵，梁元帝征王僧辩、王琳回救不及，守城的汉族士兵无法对抗强大的胡族骑兵。[2] 十一月江陵城破。西魏将江陵洗劫一空，同时驻扎重兵于城西，名曰助防，实则防萧詧也。

《周书·萧詧传》云：

> 魏恭帝元年，太祖令柱国于谨伐江陵，詧以兵会之。及江陵平，太祖立詧为梁主，居江陵东城，资以江陵一州之地。其襄阳所统，尽归于我。詧乃称皇帝于其国，年号大定。追尊其父统为昭明皇帝，庙号高宗，统妃蔡氏为昭德皇后。[3]

这一段史料同上举侯景之矫诏一样，均极其重要，然颇为治中古文史者所略。其中有两大点值得深究。第一，萧詧得以继续称梁帝，不仅仅是由于得到了鲜卑族的强大军事援助，同时还有相当部分门阀士大夫的支持；第二，生

1. 吕思勉：《两晋南北朝史》，上海古籍出版社，1983年，页652。其间经纬，又可参：前岛佳孝：《西魏・北周政权史の研究》，汲古书院，2013年，页235-253。关于襄阳一处在萧梁后期的兵争，又可参：Andrew Chittick, *Patronage and Community in Medieval China: The Xiangyang Garrison, 400-600CE*, State University of New York Press, 2009. 尤其是第五章 Sublimation,530-600 的相关论述，pp115-135. 关于此书的评价，可参孙英刚的英文书评，载 *Frontier of Chinese*, vol. 7, 2012, pp473-481。

2. 十六国北朝的胡族骑兵，装备已强于两汉时。参见：相马隆：《胡骑考》，载其著《流沙海西古文化论考——シルクロードの东西交流》，山川出版社，1977年，页45-64。

3. 《周书》卷四十八《萧詧传》，页859。

前因“蜡鹅事件”[1]备受猜疑、郁郁而死的“昭明太子”萧统，在去世二十余年后，由第三子萧詧为其“正名”，在其身份得到重新推崇的同时，其所编的《文选》，也一定作为皇帝之作而重新在长江上游地区受到礼遇。

如果说侯景矫诏的“昭明皇帝”并没有得到实际的推行，那么，后梁萧詧的正式“帝诏”，至少可使“昭明皇帝”在荆楚江陵地区得到尊奉。

后梁，这一个多受正统史观排斥的“伪”王朝，[2]对其研究向来不足。由梁入周的姚最（536—602）是最早对后梁历史进行梳理的学者，著有《梁后略》10卷；[3]《旧唐书·经籍志》载唐人蔡允恭著有《后梁春秋》10卷，[4]惜二书皆佚亡。明代姚士粦著有《后梁春秋》二卷，[5]采用编年体，以后梁为正统。在近现代的六朝史研究上，对于后梁的研究尚且薄弱；[6]而在六朝文学的学术研究领域，关注到后梁的则更少。至于将后梁纳入“选学”的系统中进行讨论的，陋见所及，除笔者外，[7]只有兴膳宏[8]等少数学者。

1. 参卢盛江：《蜡鹅事件真伪与昭明太子后期处境》，载《文学遗产》2004年第6期；穆克宏：《萧统研究三题》，文载其著《六朝文学论集》，中华书局，2010年，页6-10。

2. 柳诒徵谓：“史之所重在持正义。梁、隋以来，爰有正史之名，历代相沿，充溢簿录。”说见其著《国史要义·史统第三》，华东师范大学出版社，2000年，页73；饶宗颐：《中国史学上之正统论》，上海远东出版社，1996年，页23-29。关于南北朝时之正统论，又可参：吉川忠夫：《岛夷と索虏のあいだ——典籍の流传を中心とした南北朝文化交流史》，载《东方学报·创立70周年记念论集》第72册，京都大学人文科学研究所，2000年，页133-158。最新的研究有：傅扬：《追求正当性：南北朝晚期政治文化史的一条线索》，载《史原》复刊第四期、总第二十五期，2013年，页1-60。

3.《隋书经籍志详考》，页284。《周书》等籍作“姚勖”，恐是形近而误。姚最这部《梁后略》亦见于《日本国见在书目录》，参：矢岛玄亮：《日本国见在书目录——集证と研究》，汲古书院，1984年，页90。

4.（后晋）刘昫、（宋）欧阳修等撰：《唐书经籍艺文合志》，商务印书馆，1956年，页74。又，朱希祖《萧梁旧史考》云：“允恭父大业，伯父大宝，均官后梁，尊显用事。”文载其著《中国史学通论·附录》，中华书局，2012年，页119。

5.（明）姚士粦：《后梁春秋》，收《四库全书存目丛书》“史部”163册，齐鲁书社，1996年。

6. 除少数单篇论文外，系统成书论述者，以吉川忠夫的《后梁春秋》（附载前揭《侯景の乱始末记》）为始。最近有吴昌叶《萧氏后梁研究》（扬州大学2010年硕士论文），惜吴文对海外研究成果参考不足。

7. 拙作《隋唐时代“中层学问世界”研究序说——以京都大学影印旧钞本〈文选集注〉为中心》第二部分的《（一）作为兰陵萧氏家学的〈文选〉学》相关论述，文载《古典文献研究》第十四辑，凤凰出版社，2011年，页104-107。

8. 兴膳宏：《〈文选〉的成书与流传》，载《人文中国学报》第九期，上海古籍出版社，2002年，页1-11。此文又载兴膳宏著、戴燕译：《异域之眼》，复旦大学出版社，2006年。其中，兴膳宏对冈村繁的“轻视”说也有批评。此外，如曹道衡《兰陵萧氏与南朝文学》（中华书局，2004年）最后一章虽然涉及后梁文学之成就，但没有考虑到其与《文选》流传之关系。

王鸣盛《十七史商榷》尝谓：“史家最难位置，莫若后梁萧詧三世矣。”[1] 其实这一种史家难以归类的尴尬，也影响到学术史和文学史研究之畛域。[2] 下面，我们将结合典籍流传史与地缘政治学（Geopolitik）的双重视角来考察这一“最难位置”的政权对于选学传承之意义。

同时被“仇敌”和“儿子”追尊为“昭明皇帝”的萧统，共有五子，我们列出其系谱，特别是第三子萧詧所建立后梁之帝系谱图如次：

萧统（昭明皇帝）
- 1、萧欢——萧栋（梁废帝）=== 禅让侯景（汉）
- 2、萧誉
- 3、萧詧（后梁宣帝）
  - A、萧嶚
  - B、萧岩
  - C、萧岿（后梁明帝）
    - a、萧琮（后梁后主）
    - b、萧璟
    - c、萧瓛
    - d、萧瑑
    - e、萧珣
    - f、萧瑀
    - g、萧玚
    - h、萧皇后（嫁隋炀帝）
  - D、萧岌
  - E、萧岑
- 4、萧謷
- 5、萧譼

图 2　后梁帝（直）系图

上图中，“1、2、3……”是萧统的直系子辈，共五人；“A、B、C……”是后梁第一代皇帝萧詧的直系子辈，亦共五人；“a、b、c……”是后梁第二代皇帝萧岿的直系子辈，共七人（另有一女，即隋萧皇后）。后梁国祚共三十三年，几乎与陈朝相始终。虽然涉及后梁文学、学术的直接文献过于渺邈，但可以推论，在后梁境内，“昭明皇帝”萧统的手定总集《文选》，无疑会得到萧梁皇室成员与士大夫或主动或被

1.（清）王鸣盛著、黄曙辉点校：《十七史商榷》卷六十八“后梁最难位置”条，上海书店出版社，2005 年，页 587。李慈铭读到这一条亦云：“至詧以江陵为周附庸，史有明文，李氏入之附庸，尤为惬当。”王利器纂辑：《越缦堂读书简端记》，天津古籍出版社，1980 年，页 192。

2. 如曹道衡、刘跃进《南北朝文学编年史》（人民文学出版社，2000 年）在梁敬帝太平元年之后，即直书陈武帝之年号（卷五，页 549）。今案，这也体现了受正统史学影响，“后梁”文学地位难以插入正常文学史叙述的尴尬处境。

动的研习、传抄与保存。

在荆楚江陵这一特定地域，几经劫难的《文选》终于可以公开研习了。谷川道雄《地域社会在六朝政治文化上所起的作用》一文有云：

> 到了六朝，国家的统一能力弱化，出现了各地都市负担起学术、文化任务的趋势。甚至有时候学术、文化的普及，也是靠着由一个城市传播到另一个城市才能普及到，跨越了政治境界的更广大的范围去。六朝时代的都市，就是如此的，对学术文化的保存与发达，也做出了贡献。[1]

《文选》在侯景之乱后的传播模式之一，也是“由一个城市传播到另一个城市”，而这里的“城市”，其代表分别是长江上游与下游最发达的江陵与建康。

地缘政治学的鼻祖之一德国学者拉采尔（Friedrich Ratzel）提出了“空间”（Raum）与“位置”（Lage）的概念。[2] 尤其是后者，如何在四邻中确定自己的“位置”，对于考察一个政权国家极具意义。江南世族经历侯景之乱、江陵夷平两次毁灭性的打击后，虽然萧詧建立了后梁，但从未动摇的门阀政治体制开始崩塌。后起陈霸先所建立的陈朝，其本质与东晋、宋、齐、梁不同，代表着地方土豪势力的上升。[3] 后梁、陈的关系颇为错综复杂，对其定位，非敌国一语可攘括。试举一例：

> （袁敞）以吏部郎使诣阙，时主者以敞班在陈使之后，敞固不从命。主者诘之，敞对曰：“昔陈之祖

1. 谷川道雄编：《日中国际共同研究：地域社会在六朝政治文化上所起的作用》，玄文社，1989年，页18。具体到建康城的研究，又可参：刘淑芬：《六朝的城市与社会》，学生书局，1992年，页3–194。

2. Geoffrey J. Martin, T. S. Martin, *All possible worlds: a history of geographical ideas*, Oxford University Press, 2005. p170.

3. 陈寅恪：《魏书司马睿传江东民族条释证及推论》，载其著《金明馆丛稿初编》，生活·读书·新知三联书店，2001年，页113。又可参：万绳楠整理：《陈寅恪魏晋南北朝史讲演录》，黄山书社，1987年，页193–214。吕春盛：《陈朝的政治结构与族群问题》，稻乡出版社，2001年，此书承蒙仇鹿鸣兄相赠，谨表谢忱。

父乃梁诸侯之下吏也。弃忠与义，盗有江东。今大周朝宗万国，招携以礼，若使梁之行人在陈人之后，便恐彝伦失序。岂使臣之所望焉。”主者不能屈，遂以状奏。高祖善之，乃诏敞与陈使异日而进。[1]

这一段史料往往被研究南北交聘的学者忽略。[2] 考此段文字可知，后梁虽在军事力量方面，与当时北周、北齐、陈相比为最弱，然在文化正统之争取上，后梁丝毫不让陈朝。袁敞为陈郡人，仕萧詧。北周初以后梁使者处陈使之后，乃按国力之序（考史籍所载，彼时当在吴明彻破北周、后梁联军，取巴、湘地之后）。而袁敞之力争者，乃凭借文化、学术等之正统地位也。唯有恃此，方才可以加重其在鲜卑人心目中之分量。

后梁与陈互不承认，必然是在政权与文化上的多重不承认。聚焦到文学与学术上，后梁所恃之正统嫡传皇室典籍《文选》，亦必然不被陈朝所公开认同，所以很难在仅有一卷的《陈书·文学传》中看到“选学”传承的踪影（间有传习者，也定在私下），此固无需赘言。考吕思勉、卞孝萱诸先贤虽从保存汉民族之独立性上，对陈武帝等极力加以赞赏，[3] 但对于前代齐梁的贵族学统，代表土豪势力的陈代断无心思主动保存它。

《太平御览》卷133《偏霸部》记载了后梁第二任皇帝萧岿佚事，其有云：

十五年，周武帝平北齐，得传国玺，岿入周贺。武帝大会群臣及诸蕃客，周武自弹琵琶，令故齐主

1.《周书》卷四十八《萧詧传附袁敞传》，页876。

2.如：周春元《南北朝交聘表》系年中即未载此例，仅于553年下标“立萧詧为梁主，居江陵，为魏附庸”。见其著《中国史学史·南北朝交聘考》，贵州师大学报编辑部，1989年，页407；又如较新的研究蔡宗宪《中古前期的交聘与南北互动》（稻乡出版社，2008年），即不讨论后梁的“外交”。蔡氏的基本预设为交聘必须是“抗敌之国”，而非“宗藩关系”（页1）。然而还原到后梁的实际状态中，如《周书·萧詧传》谓：“至于爵命其下，亦依梁氏之旧。”再考此处袁敞之举，实即为分庭抗礼之举也。

3.吕思勉谓：“从来人君得国，无如陈武帝之正者。”（《两晋南北朝史》，页673）卞孝萱则谓陈霸先：“最有功。”见其著《陈武帝“汉高、魏武之亚”、“无惭权、备”驳议——宋、齐、梁、陈开国四帝简论之一》，载《南京晓庄学院学报》2004年第1期。

1.《太平御览》卷一百三十三《偏霸部十七·后梁萧岿》，页643。

2.（唐）李延寿：《北史》卷九十三《僭伪附庸》，中华书局，1974年，页3095。

3. 守屋美都雄著，钱杭、杨晓芬译：《中国古代的家族与国家》"国家篇"第六章《父老》，上海古籍出版社，2010年，页142–159。

4. 谷川道雄著、马彪译：《中国中世社会与共同体》，中华书局，2002年，页67。

> 高纬起舞。达摩及故安德王延宗悲不自胜。舞讫劝岿，岿乃起舞。周武曰："梁主乃能为朕舞乎！"岿曰："陛下既自弹五弦，臣何敢不同百兽！"周武大悦。……初虽礼接，岿未深知之。至是，岿承间，乃陈父荷太祖拯救之恩，并叙二国艰虞、唇齿掎角之事。辞理辩畅，因涕泗交流。周武亦为歔欷。自是礼遇日深，赐杂缯百段、马五匹，并赐齐宫伎女。遣归国，执岿手曰："待破突厥，必送梁王归江东。"岿途经古迹，莫不驻马赋诗，以叙其怀。至于江陵，凡三十首。女为秦晋王广妃。在位十四年而殂。[1]

萧岿乃昭明太子萧统之孙。北周武帝宇文邕破北齐，势兼南北之际，为何执萧岿手，谓"必送梁王归江东"？除了简单的权谋之宜外，此例亦可证北人心目中，江南文化正宗依旧为萧梁皇室，而非新起之陈朝。

北人如此，南人若何？

在上举图2"后梁帝（直）系图"中，"a、b、c"系中之"c"，即萧岿第三子"萧瓛"，《北史》记载：

> 瓛字钦文，岿第三子也。幼有令誉，能属文。位荆州刺史，颇有能名。崔弘度兵至鄀州，瓛惧，与其叔父（萧）岩奔陈。陈主以为侍中、吴州刺史，甚得物情。三吴父老皆曰："吾君之子。"陈亡，吴人推之为主。[2]

考"父老"二字，自秦汉时代贯穿整个六朝都有特殊含义。[3]谷川道雄认为"父老"有指导宗族、乡党的重责。[4]

陈朝被隋军灭亡后，地方社会认可的依然是昭明太子萧统的直系后人——萧瓛。萧瓛与其叔萧岩领导着江南地方势力继续反抗隋军，直到最后兵败被俘。《周书》本传云："及陈亡，吴人推为主以御隋师。"[1] 这就从政治（国祚）领域追认昭明太子萧统及其后人，而在文化（学统）上，考虑到六朝社会的特性，也应当强烈认可着萧统的系谱。

总之，这段史料可使我们重新思考后梁在"南人"中之地位。从时间轴上看，后梁的国祚为公元555—588年，陈的国祚为公元557—589年；若上延至萧詧称"梁王"的公元550年，则后梁的前后持续时间已超过"正统"之陈朝。也就是说，在宋、齐、梁、陈正统观念里面，其实"梁"一直不曾消失。虽然"正统"的评判，很大程度上掌握在后世的史家手中，是一种如美国汉学家蒲立本（Edwin G.Pulleyblank）所谓的极具特色的Chinese Historical Criticism，[2] 但是还原到公元六世纪后期，普通南方士大夫的内心深处之文化认同，是倾向于后梁，还是倾向于陈？至少目前这无法下断语。

四、江淮之外有荆楚："选学"传承模式的新思考

世之治中古文史者，多熟稔陈寅恪《述东晋王导之功业》一文，陈氏此文中将六朝前期北人南来分为两条路线，一至长江上游，一至长江下游。[3] 本文此节推衍其意，逆论六朝末期，《文选》学北上传承之两种不同模式。

首先略述第一种为世人所知的"江淮"模式。

1.《周书》卷四十八《萧詧传附萧瓛传》，页867。在后梁诸萧中，反抗周隋的似只有萧岩与萧瓛叔侄二人。

2.Edwin G. Pulleyblank, *Essay on Tang and Pre-Tang China*, Variorum Collected Series of Studies(Ashgate, 2001), pp135-165.

3. 陈寅恪:《述东晋王导之功业》，文载其著《金明馆丛稿初编》，页65。

如《大唐新语》有云：

> 江淮间为《文选》学者，起自江都曹宪。[1]

又如，《旧唐书·儒学传》之曹宪条有云：

> 初，江淮间为《文选》学者，本之于宪。又有许淹、李善、公孙罗，复相续以《文选》教授，由是其学大兴。[2]

这两段史料，早已为治选学者所知晓，毋庸赘论。诸如曹宪[3]、李善、许淹、公孙罗等等隋唐初期的选学传承者，大多起于江淮间或长江下游地区，即原南朝故都建康及重镇广陵等地周围。这与隋文帝、隋炀帝平陈后，努力保存南方文化有很深的渊源关系。[4]我曾经撰文论证这一模式下的传习者，如公孙罗、许淹等等，多为属于“中层”士人。[5]

但实际上，“选学”是不是仅此一种传承模式？或者说，这种模式占选学传承的比重，是不是被历代文学研究者过估了？

接着，我们将重点推论“选学”另一种北上新模式，即“选学”主要由后梁政权或经由荆楚地区，带入北周、隋、唐三代帝都长安的“荆楚模式”。

考《周书·萧詧传》后，附有后梁文武重臣传记若干，因武臣与本文题旨较远，故略之，而文臣系统为涉及“选学”北上新模式之关键所在，职是之故，多录史料并推论之于后：

> 蔡大宝，济阳考城人。大为徐勉所赏异。博览群

1.（唐）刘肃撰、许德楠等点校：《大唐新语》，中华书局，1984年，页133-134。

2.（后晋）刘昫等撰：《旧唐书》卷一百八十九上《儒学传》，中华书局，1975年，页4946。

3. 陈翀《曹宪籍贯行历新证及其〈文选〉佚注汇考——〈集注文选〉成书前史研究》认为：“曹宪并非出生于扬州江都，而是谯国曹氏一族。”文载南京大学文学院编《“〈文选〉与中国文学传统国际学术研讨会”论文集（上）》（2011年8月），页62-65。

4. 参考：张学锋、王亮功主编：《江苏通史·隋唐五代卷》第一章第五节《隋代江苏地区的文化活动》，凤凰出版社，2012年，页45-52。

5. 拙作《隋唐时代“中层学问世界”研究序说》，页113-115。又，陈寅恪将六朝士大夫分为上层、中层（次等）、下层，参其著《金明馆丛稿初编》，页65-66。

书，学无不综。詧之章表书记教令诏册，并大宝专掌之。

蔡大宝次子（蔡）延寿，有器识，博涉经籍，尤善当世之务。从（萧）琮入隋，授开府仪同三司，秘书丞。

蔡大宝弟（蔡）大业，有五子，（蔡）允恭最知名。入隋，授起居舍人。

甄玄成字敬平，中山人。博达经史，善属文。从（萧）琮入隋，授开府仪同三司，终于太府少卿。

岑善方字思义，有器局，博综经史，善于辞令。

岑善方有七子。之元、之利、之象最知名。高祖（宇文泰）录善方充使之功，追之利、之象入朝。（之利）后仕隋，历安固令、郴义江三州司马、零陵郡丞。之象掌式中士，隋文帝相府参军事。后仕隋，历尚书虞部员外郎、邵陵上宜渭南邯郸四县令。

傅准，北地人。有二子，曰秉曰执，并才兼文史。

宗如周，南阳人。有才学，容止详雅。有七子。希颜、希华知名。希华博通经术，为荆楚儒宗。

萧欣，梁武帝安成康王秀之孙，炀王机之子也。幼聪警，博综坟籍，善属文。欣与柳信言，当岿之世，俱为一时文宗。

柳洋，河东解人。洋少有文学，以礼度自拘。梁国废，以郡归隋，授开府仪同三司。

徐岳，东海人，简肃公（徐）勉之少子也。少方正，博通经史。从（萧）琮入隋，授上开府仪同三司，终于陈州刺史。岳兄矩，有文学，善吏事。

王洸，琅邪临沂人。子瓘，有文词。子怀，秘书郎，隋沔阳令。

范迪，顺阳人。迪少机辩，善属文。

沈君游，吴兴人。君游博学有词采，位至散骑侍郎。弟君公，有干局，美风仪，文章典正，特为岿所重。[1]

上举诸史料中，加着重号者一般具有两种特点：第一，传主博览群书，善属文，而且多得萧詧、萧岿、萧琮诸帝之厚爱，其属文之倾向，也应同于萧氏家学《文选》；第二，传主倘若非卒于后梁，则必然北上入隋，且官职一般不低，“授开府仪同三司”亦不在少数。在区区荆楚“弹丸之地”，却能出如此斐然的文士。《周书·萧詧传》后“史臣曰”感慨到萧詧父子“知贤养士”，“能据有全楚，中兴颓运”。而宋人叶适《习学记言序目》亦云：

萧詧至子岿，以一城之地为周附庸，而所用文武谋臣知名者数十人，岂其地之多材耶？抑材之偶聚耶？[2]

通过上文的分析可知，叶适的两点推测，其一“其地之多材”言中其半，因为有相当一部分人才是从江南建康周围投奔过来的；其二“材之偶聚”则完全错误，后梁保持梁代的“国祚”与“学统”，绝非历史之偶然，而是如本文之分析，自有其必然的轨迹可循。

又如上一节图2“后梁帝（直）系图”中，“E、萧岑”之子萧球，他的墓志1926年出土于河南洛阳。志文

1. 据《周书》卷四十八《萧詧传》所附诸人传记摘录，页868-876。

2. 叶适：《习学记言序目》卷三十五《周书》，中华书局，1977年，页531。

称其“解褐给事中、仁化县开国侯”，[1]可见即非萧詧、萧岿嫡长系的后梁诸萧，也在隋朝也获得了相当的高位。

通常所认为的隋唐间第一位“选学”传习者萧该，[2]就与上述“荆楚模式”有关。《隋书·儒林传》有云：

> 兰陵萧该者，梁鄱阳王恢之孙也。少封攸侯。梁荆州陷，与何妥同至长安。……开皇初，赐爵山阴县公，拜国子博士。……该后撰《汉书》及《文选》音义，咸为当时所贵。[3]

只不过就萧该的情况而言，是经由荆楚地区入长安的例子，而非直接与后梁政权发生联系者。

以上是关于包括《文选》在内的、萧梁皇室家学北上新模式推论。唯此中尚有一亟需注意者，乃在于北周、隋之不同。考鲜卑族西魏、北周认可后梁，多半在于纯粹利用萧氏前朝皇室血统的“金字招牌”，[4]笼络南人，以便攻城掠地而已；然隋代杨氏一族，除上一点同于北周外，在实际的文学创作领域，则深深钦佩于后梁萧氏，此一异同，略论如次。

考鲜卑族西魏、北周的文化崇尚朴质，[5]从政治史的角度来看，关中的政治集团主要致力于一并天下，未暇文治。隋则不然，《隋书·经籍志》有云：

> 后周草创，干戈不戢，君臣戮力，专事经营，风流文雅，我则未暇。其后南平汉、沔，东定河朔，讫于有隋，四海一统，采荆南之杞梓，收会稽之箭竹，

1. 罗新、叶炜：《新出魏晋南北朝墓志疏证》，中华书局，2005年，页605。但是罗、叶二氏将志文“解褐给事中、仁化县开国侯”解读为是萧球之父萧岑，恐有误。

2. 据胡耀震《萧该年谱》，萧该出生于梁武帝普通六年（525），时萧詧七岁。文载中国文心雕龙资料中心编《资讯交流》2011年第2期。

3.（唐）魏徵等撰：《隋书》卷七十五《儒林传》，中华书局，1973年，页1715-1716。这里中华书局本原作“《汉书》及《文选音义》”，是引起歧义的错误标点，参拙作《隋唐时代“中层学问世界”研究序说》，页106。

4. 毛汉光《隋唐政权中的兰陵萧氏》一文认为萧詧为“金字招牌”，说见其著《中国中古社会史论》，世纪出版集团，2002年，页407。

5. 陈寅恪谓北周、北齐、梁陈“三源”中，“（西）魏、周之源远不如其他二源之重要”。说见其著《隋唐制度渊源略论稿》，生活·读书·新知三联书店，2001年，页4。又可参：曹道衡：《西魏北周时代的关陇学术与文化》，载其著《中古文史丛稿》，河北大学出版社，2003年，页151-163。

辞人才士，总萃京师。[1]

历来考文谈诗者，多知隋平陈之后，“收会稽之箭竹”，原江南地区的优秀文士得以北上；却忽略了“采荆南之杞梓”，即后梁江陵文士的北上长安。在传承萧梁皇室学问（如《文选》等典籍）的作用上，后者“采荆南之杞梓”可能远远超过前者“会稽之箭竹”。

后梁第三代皇帝萧琮的广运三年（588），隋文帝征萧琮君臣入长安，废后梁国。《隋书》云：“（萧）琮之宗族，缌麻以上，并随才擢用，于是诸萧昆弟布列朝廷。”[2]缌麻，为六朝丧服礼之最轻者，即可知诸萧宗族中，哪怕是五服关系较远的亲属，亦得以在隋朝被提拔录用。自然，对于诸萧来说，能够引以为荣的，恐怕不是曾经做过北朝的傀儡政权，而是流淌在血液里面的南方贵族自豪感，研习《文选》想必也是其中之一。因此，这种“荆楚模式”下的选学传承者，为萧梁皇室，或为“授开府仪同三司”的中上层门阀士大夫。

另一涉及“荆楚模式”的重要人物，即昭明太子的重孙女萧皇后。初，后梁明帝萧岿入长安朝见隋文帝，“进退闲雅，天子瞩目，百僚倾慕”，隋文帝“甚敬焉”，“备礼纳其女为晋王妃”。[3]晋王，即后来的隋炀帝杨广；晋王妃，即后来的萧皇后。萧皇后乃萧岿之女，极善辞赋。世之研究隋炀帝之艳丽文学思想者，多以为炀帝镇广陵时喜好南朝文辞，博纳属文之士，实不知其卧榻之内，已有昭明太子之重孙女在焉！考《隋书·萧皇后传》所录萧皇

1.《隋书经籍志详考》，页918。芮沃寿（Arthur F.Wright）在《隋代史》一书中对隋代的文化事业有详细论述。Arthur F.Wright, *The Sui Dynasty, the Unification of China, A.D. 581-617*, Alfred A. Knopf, 1978. 又可参日译本：布目潮沨、中川努译：《隋代史》第五章《文化的指导权の复活》，法律文化社，1982年，页135-174。

2.《隋书》卷七十九《外戚传》，页1794。

3.《隋书》卷七十九《外戚传》，页1792。

后之作《述志赋》全文，[1]纯乃选学之体，深悉六朝潜气内转[2]之法，甚得昭明太子选学之真传。

扬州隋炀帝萧皇后合葬陵墓出土的皇后凤冠

隋末天下大乱之际，萧梁后人之一的萧铣，还一度利用萧氏在江陵"后梁"政权的影响力，重新建立了一个地方政权，[3]虽然不久就被武力远远超过自己的唐军攻灭，但"后梁"的影响力贯穿整个隋朝却是毋庸置疑的。

唐承隋制，后梁萧氏一门依旧在李唐王朝中获得了重要地位，检《新唐书·宰相世系表》的"萧氏"条有二："皇舅房"与"齐梁房"，后者即传承了后梁之系谱。[4]又如，河南省偃师缑氏镇2005年7月出土的《大唐故银青光禄大夫饶州刺史来府君妻兰陵郡夫人萧氏墓志铭并序》（简称《萧大通墓志》），考墓主兰陵萧大通，其祖萧引为梁黄门侍郎，侯景之乱后，携宗亲家人逃至衡州。后人

1.《隋书》卷三十六《萧皇后传》，页1111-1112。

2."潜气内转"一词初见于繁钦《与魏文帝笺》（《文选》卷四十[上海古籍出版社，1986年，页1821]）；将"潜气内转，上抗下坠"描述六朝骈文，参：（清）朱一新著：《无邪堂答问》，中华书局，2000年，页92；后孙德谦《六朝丽指》中专门举例分析，参：古田敬一、福井佳夫译注：《中国文章论：六朝丽指》，汲古书院，1990年，页45-48。

3.关于萧铣的研究，请参：赵立新：《隋唐之际的萧铣江陵政权》，载《史原》第20期，1997年5月刊。

4.（宋）欧阳修、宋祁撰：《新唐书》卷七十一下《宰相世系表》，中华书局，1975年，页2277-2288。

即辗转入长安。[1]

在出土数量有限的唐代萧氏墓志中，墓主往往有意识地把自己的系谱同“后梁”联系起来，并以此为荣，而并不仅仅追溯到梁代为止。如，新近出版的《洛阳新获七朝墓志》即收有萧隆、萧茂本两方墓志，其中《大唐太中大夫行沂州司马上柱国兰陵萧府君墓志并序》云：“曾祖岩，后梁尚书令、太尉、太傅。”[2]这里的“曾祖岩”，即上举图2“后梁帝（直）系图”中的“萧岩”。上文已论，萧岩与萧瓛是后梁诸萧中唯一武力反抗隋军的人——即便如此，入唐后的诸萧后人，依然以其为荣，这一文化认同现象可谓根深蒂固。

现试举一表以说明选学传统的“江淮模式”与本文推论的“荆楚模式”之异同：

特质 选学	侯景之乱后的传承地	传承态度	传承阶层	传承途径	代表人物
江淮模式	建康周围	隐蔽	中层士大夫	陈（被武力灭国） —隋唐	曹宪、公孙罗等
荆楚模式	江陵周围	公开	皇室、中上层士大夫	后梁（或经由荆楚地区） —（西魏） —北周 —隋、初唐	后梁皇室、入隋之士大夫阶层、萧皇后等

“选学”北上传承表

概而言之，即由长江上游荆楚地区的“后梁（或经由荆楚地区）—（西魏）—北周—隋唐”入长安者，实为“选学”北上之最重要模式。此种模式下之传承者，以昭明太子直系之萧梁皇氏以及中上层门阀士大夫为主；而通常治“选学”者所言之“江淮模式”，乃由长江下游中层阶级士人传习。

1. 图版载：赵君平、赵文成编：《河洛墓刻拾零》，北京图书馆出版社，2007年，页251；释文可参：赵文成、赵君平编：《新出唐墓志百种》，西泠印社，2010年，页122。

2. 齐运通编：《洛阳新获七朝墓志》，中华书局，2012年，页152。

五、结语

1. 例如唐魏王李泰所著《括地志》，伴随着李泰未成为太子失势离京，此书也就日渐亡佚了。这类例证颇多，不烦枚举。

在中国中古史上，朝代更替频繁，往往在禅代之际，前朝的官方学术、文学典籍不会被后朝所承认，以致渐渐散逸。如魏晋禅代之际，王肃即利用司马氏皇戚身份打压前朝正统学问郑玄之学，以致汉魏以来郑注《论语》等籍渐渐亡佚，要等到20世纪初方才在敦煌重新发现一些残卷断简。即便不是改朝换代，中古史上的政治斗争也会直接影响到典籍之运命，[1] 遑论如后梁、陈那样互视为水火的战争状态了。

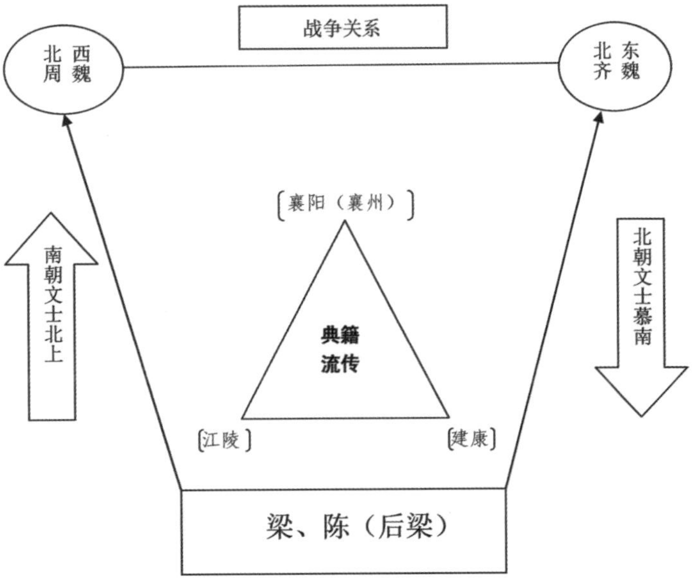

"后三国"时代文学典籍流传的大三角与小三角关系

总之，对于梁、陈之际的兰陵萧氏与门阀世族来说，复兴东晋以来的贵族门阀政治，或是振兴南朝，几无可能。从后梁与陈在长江上游的几次兵争考察，后梁国力甚至连陈朝之数州都不敌，遑论当时之北周、北齐。后梁萧氏以及士大夫们所能做的，唯有秉烛余光，保持六朝世族文学不坠，这一定是当时世族士大夫所不需明言之共同心态。文化传承之外，这种不约而同的取向也可谓一种“政治体系存续的基本条件”。[1]

萧统，其学问之结晶——《文选》，由其后人努力保存着。这种努力不一定明白、直接地见诸史籍，但千载之下，我们通过籀读文献，从其子萧詧、其孙萧岿甚至其重孙女萧皇后等人的言行上，必知维持家学《文选》不坠，是其家族内部绵绵不断的使命。尤其是作为皇室家学，艰难传承的同时也必然有他人无法企及的自豪感在内。

不论当时人或是后世史家视萧氏为“正”为“伪”，[2] 至少在“学统”的系谱上，隋初唐的文学史、学术史事实可以证明：虽然他们苦心积虑营建的“后梁”仅仅延续30余年即终止，但他们引以自豪的家族学问《文选》的传承，却一直伴随着隋唐帝国的300年国脉！其间经纬，如本文所析，绝非文学史之偶然。

> 带到乐园里，同圣洁的花放在一处；
>
> 我非常痛苦，我就要死亡，
>
> 我将见不到那强大的君王。
>
> ——《罗兰之歌》[3]

这是欧洲中世纪游吟诗人代表作《罗兰之歌》的一句文辞。

1. S.N.艾森斯塔得著、阎步克译：《帝国的政治体系》，贵州人民出版社，1992年。S.N.艾森斯塔得说：“各个群体和阶层……把普遍化权力纳入通道以贯彻其目标和取向的倾向之中。”（页320）

2. 实际上，到了唐代，兰陵萧氏家族一度重提“后梁”的“合法性”，典型例证即萧颖士所作的《萧梁史谱》《梁不禅陈论》等籍。具体论述参考：蒙文通：《经史抉原》，巴蜀书社，1995年，页306。

3. 杨宪益译：《罗兰之歌》，上海译文出版社，1981年，页118。

公元549年，当昭明太子之子萧詧向鲜卑族政权委曲称藩时，他一定是隐忍着巨大的“痛苦”“死亡”及后世的骂名，而将萧梁皇室的文化之结晶《文选》带入新的“乐园”，是其最后的希望之一。被绝大多数历代正史视为“伪政权”的后梁，其皇室诸萧以及荆楚士大夫们的努力，使得“昭明太子”萧统在身后升格为“昭明皇帝”，真正成为中国古典文学史上“强大的君王”。

如果允许联想的话，目前安徽贵池等多地仍有“昭明庙”，以昭明奉为神道，举行傩礼，甚至尤袤所刻李善注本也是献给“昭明庙”祈雨的。[1]不知是否与其地缘因素及渊源有所瓜葛。总之，《文选》这部典籍，由萧统直系后人历尽艰辛传入隋唐帝都长安，绵绵“游吟”了1500余年，一直到今天，为中国古典文学屹立于东亚乃至世界文学圈，立下了不可磨灭的功绩。

1.“昭明庙”这一点承蒙京都大学金文京教授提示，谨表谢忱。

（本文删节版题为《侯景之乱至隋唐之际〈文选〉学传承推论》，首载于北京大学《国学研究》第33卷〔2014年6月版〕。收入本书者为完整版，并增加了两幅图表。）

附录

南京地区已发表南朝墓葬

01　砂石山南朝墓

南朝
发掘时间：1955 年
墓葬地点：雨花台区安德门东南砂石山

凸字形单室券顶墓。墓室左右壁略弧，长 8.6 米，高 2.86 米，左右后壁均设直棂假窗。甬道长 3.39 米，宽 1.43 米，高 2.21 米，内设一道石门，半圆形门楣，浮雕人字拱。随葬碑形石墓志、石俑。

02　新宁砖瓦厂 1 号墓

南朝
发掘时间：1957 年
墓葬地点：中央门外原新宁砖瓦厂

凸字形券顶墓。墓室东西壁呈直线，后壁外弧。墓室、甬道数据未报道。甬道中有一道石门，半圆形门楣，上浮雕人字拱。背屏式石祭台。合葬。

03　新宁砖瓦厂 3 号墓

南朝
发掘时间：1957 年
墓葬地点：中央门外原新宁砖瓦厂

简报未作介绍。据简报所示执笏陶俑、女俑图片判断为南朝墓。

04　新宁砖瓦厂 6 号墓

南朝
发掘时间：1957 年
墓葬地点：中央门外原新宁砖瓦厂

简报未作介绍。据简报所示青瓷盖罐判断为南朝墓。

05　四板村南朝墓

南朝
发掘时间：1957 年
墓葬地点：中央门外迈皋桥四板村南

凸字形单室券顶墓。墓室长 4.5 米，宽 1.8 米，高 2.6 米。砖棺床。甬道长 1.38 米，宽 1 米，高 1.4 米。出土陶俑、陶凭几、陶镇墓兽。

06 太平门外古墓

南朝·齐
发掘时间：1950 年代
墓葬地点：太平门外岗子村与板仓村之间

凸字形单室券顶墓。全长 5.5 米，总宽 2.5 米。甬道长 1.05 米，宽 1.58 米，高 1.13 米。出土“浈阳令印”石印。

07 蔡家塘一号墓

南朝·梁
发掘时间：1958 年后
墓葬地点：栖霞区甘家巷村西 0.5 公里

单室穹窿顶墓，墓室左右壁直线，后壁外弧，南壁长 5.83 米，宽 3.05 米。甬道之间呈抹角。甬道长 3.33 米，宽 1.4 米，内有一道石门，半圆形门楣，上浮雕人字栱。背屏式石祭台。合葬。

08 西善桥宫山大墓

南朝中晚期
发掘时间：1960 年
墓葬地点：雨花台区西善桥宫山北麓

凸字形单室券顶墓。墓室左右壁略外弧，左右壁前部设一对桃形壁龛，龛下设直棂假窗，中后部为“竹林七贤与荣启期”砖印壁画；后壁向外弧凸，设一桃形壁龛，无直棂假窗。墓室长 6.85 米，宽 3.1 米，高 3.45 米。砖棺床上设双石棺座。甬道长 2.1 米，宽 1.3 米，内设一道石门，半圆形门楣，浮雕人字栱。

09 西善桥油坊村南朝大墓

南朝晚期
发掘时间：1961 年
墓葬地点：雨花台区西善桥油坊村罐子山北麓

凸字形单室穹窿顶墓。墓室残毁严重，平面呈椭圆形，全长 10 米，宽 6.7 米。甬道宽 1.75 米，内设两道石门，均为半圆形门楣，浮雕人字栱。甬道口至第一道石门间长 2 米，两壁砌有狮子砖印壁画；两道石门之间长 1.5 米。从残存的墓砖文字与纹样判断，该墓原砌有“竹林七贤与荣启期”壁画。

10　涂家村南朝墓

南朝初期
发掘时间：1962 年
墓葬地点：中央门外吉祥庵涂家村

凸字形单室券顶墓。墓室左右后壁平直，长 4 米，宽 2.08 米，高 2.19 米。砖棺床。甬道长 1.78 米，宽 1.88 米。

11　明昙憘墓（M1）

元徽三年（475）
发掘时间：1972 年
墓葬地点：栖霞区尧化门原尧晨果木厂

凸字形单室券顶墓。墓长 5.5 米，宽 2.04 米，残高 0.46—1.47 米。砖棺床。出土明昙憘墓志。

12　灵山南朝大墓

南朝
发掘时间：1972 年
墓葬地点：栖霞区仙林灵山

资料未正式发表，仅知出土两件莲花纹青瓷尊。推测为南朝晚期帝王陵。

13　明氏家族墓（M2）

南朝・宋
发掘时间：1972 年
墓葬地点：栖霞区尧化门原尧晨果木厂，明昙憘墓西侧 5 米

凸字形单室券顶墓。墓长 3.6 米，宽 1.19 米，残高 1.76 米。左右壁及后壁均设有凸字形小龛。甬道长 0.95 米。

14　东善桥南朝墓

南朝
发掘时间：1973 年
墓葬地点：江宁区东善桥祖堂山南之吉山

凸字形单室券顶墓。墓室四壁平直，长 4.65 米，宽 1.65 米，残高 1.28 米。砖棺床前设砖砌祭台。甬道长 1.33 米，宽 1.15 米，残高 1.28 米。

15 甘家巷 M2

南朝
发掘时间：1974—1975 年
墓葬地点：栖霞区甘家巷村北

单室券顶，无甬道。长 3.87 米，宽 1.75 米。合葬。

16 甘家巷 M4（推测为安成王萧秀家族墓）

南朝·梁
发掘时间：1974—1975 年
墓葬地点：栖霞区甘家巷北洼子塘山

单室椭圆形穹窿顶墓。墓室长 6.4 米，宽 3.7 米。甬道长 3.1 米，宽 1.6 米，内有一道石门，半圆形门楣，上浮雕人字栱。石祭台。合葬。

17 甘家巷 M6（推测为安成王萧秀墓）

南朝·梁
发掘时间：1974—1975 年
墓葬地点：栖霞区甘家巷北洼子塘山，距甘家巷小学神道石刻约 100 米

单室椭圆形穹窿顶墓。墓室长 6.3 米，宽 3.25 米。甬道长 4 米，宽 1.5 米，内有一道石门，半圆形门楣，上浮雕人字栱。石祭台。墓室外壁与墓坑间东西各三道短墙。合葬。

18 甘家巷 M11

南朝
发掘时间：1974—1975 年
墓葬地点：栖霞区甘家巷村北

单室券顶墓，墓室长 4.14 米，宽 1.28 米，无甬道。单葬。

19 甘家巷 M30（推测为安成王萧秀家族墓）

南朝·梁
发掘时间：1974—1975 年
墓葬地点：栖霞区甘家巷北洼子塘山

单室穹窿顶墓。墓室长 4.6 米，宽 1.9 米。甬道长 2.1 米，宽 1.2 米。甬道中设一道石门，半圆形门楣，上浮雕人字栱。石祭台。合葬。

20 甘家巷 M33

南朝
发掘时间：1974—1975 年
墓葬地点：栖霞区甘家巷村北

凸字形单室券顶墓。墓室长 4.04 米，宽 1 米。甬道长 1.05 米，宽 0.8 米。单葬。

21 尧化门外对门山南朝墓

南朝・梁
发掘时间：1974 年
墓葬地点：栖霞区尧化门外对门山

凸字形单室券顶墓。墓室左右壁平直，后壁向外弧凸。左右壁设两对桃形壁龛，龛下设直棂假窗；后部设一桃形壁龛，龛下设直棂假窗。墓室长 5.9 米，宽 2.44 米，高 3.14 米。砖棺床，双石棺座。甬道长 2.86 米，宽 1.36 米，内设一道石门，半圆形门楣，浮雕人字栱，人字栱两侧浮雕一斗二升式斗拱一对。随葬石俑、石马。

22 板桥南朝墓

南朝中晚期
发掘时间：1978 年
墓葬地点：雨花台区板桥镇西南九四二四工地

凸字形单室券顶墓。墓室平面呈椭圆形，左右后三壁似设桃形壁龛与直棂假窗。墓室长 5.16 米，宽 2.2—2.42 米，残高 0.86—1.5 米。砖棺床上设双石棺座，棺座前设石祭台。甬道长 2.86 米，宽 1.28 米，残高 1.6 米，内设一道石门，半圆形门楣，浮雕人字栱及斗拱。随葬陶马、陶镇墓兽。

23 燕子矶梁普通二年墓

普通二年（521）
发掘时间：1978 年
墓葬地点：中央门外燕子矶南 1 公里、和燕路西侧 0.5 公里太子洼

凸字形单室券顶墓。墓室左右壁平直，后壁向外弧凸。墓室长 5 米，宽 2.35 米。砖棺床，棺床前设石兽足祭台。甬道长 2.4 米，宽 1.45 米，内设一道石门，半圆形门楣，上浮雕人字栱。随葬石俑。出土墓志一方。

24 梁中抚将军萧伟墓

中大通四年（532）
发掘时间：1979 年　2000 年
墓葬地点：栖霞区尧化门老米荡

凸字形单室券顶墓。墓室左右略弧，后壁向外弧凸。墓葬全长 10.25 米，最宽处 3.48 米，高 4.44 米。砖棺床上设双石棺座，棺床前设背屏式石祭台。甬道长 4.05 米，内设一道石门，半圆形门楣，上浮雕人字栱。随葬陶俑。出土石墓志 4 块。墓前神道柱方额上残存“梁故侍中”字样。神道前设有砖门阙。

25 梁桂阳王萧融夫妇墓

天监元年（502）、天监十三年（514）
发掘时间：1980 年
墓葬地点：栖霞区甘家巷南京石油化工厂内

凸字形单室券顶墓。残毁严重。墓全长约 9.8 米，宽 3.15 米，残高 1.8 米。后壁向外弧凸。出土萧融、王慕韶墓志各一方。

26 迈皋桥陈墓

南朝・陈
发掘时间：1981 年
墓葬地点：中央门外迈皋桥原红星砖瓦厂

墓室全毁。出土碑形墓志 1 件，首行第一字为“陈”。随葬石俑、石马。

27 仙鹤门南朝墓

南朝中晚期
发掘时间：1981 年
墓葬地点：栖霞区仙鹤门外红旗农牧场，东南距梁临川王萧宏墓约 2.5 公里

凸字形单室券顶墓。墓室平面呈椭圆形，左右壁各设两对桃形壁龛，龛下设直棂假窗；后壁设一桃形壁龛与直棂假窗。墓室长 5.84 米，宽 2.73—2.9 米，高 3.65 米。砖棺床上设双石棺座。甬道长 3.35 米，宽 1.36 米，残 2.26 米，内设一道石门，半圆形门楣。随葬石俑、石兽，墓志严重风化。

28 马群六朝墓

南朝·宋
发掘时间：1982 年
墓葬地点：栖霞区马群街北海军医校内

凸字形单室券顶墓。墓室长 4.2 米，宽 1.1 米，高 1.9 米。甬道长 1.5 米，宽 0.6 米，高 1.35 米。

29 童家山南朝墓

南朝中晚期
发掘时间：1982 年
墓葬地点：市内草场门北童家山

凸字形单室券顶墓。墓室四壁平直，长 4.4 米，宽 1.7 米，高 2.03 米，左右壁各设两个凸字形和半凸字形壁龛。砖棺床。墓志漫漶。

30 前新塘南朝墓

南朝早期
发掘时间：1984 年
墓葬地点：栖霞区尧化门尧辰村前新塘

凸字形单室券顶墓。墓室左右后三壁均略弧，长 5.75 米，宽 2.23—2.42 米，高 3.4 米，左右壁各设两对凸字形壁龛，龛下设直棂假窗。砖棺床前设石祭台。

31 司家山谢氏家族墓 M1

南朝初期
发掘时间：1984 年
墓葬地点：雨花台区铁心桥司家山

凸字形单室券顶墓。墓室长 5.12 米，宽 2.23 米，高 3.15 米。甬道长 2.38 米，宽 1.23 米，高 2.25 米。

32 司家山谢氏家族墓 M6（谢珫墓）

永初二年（421）
发掘时间：1987 年
墓葬地点：雨花台区铁心桥司家山

凸字形单室券顶墓。墓室长 4.45 米，宽 2.25 米，高 3 米。甬道长 1.83 米，宽 1.25 米，高 1.93 米，内设一道木门。砖棺床。

33 吉祥庵六朝墓

东晋晚期至南朝早期
发掘时间：1980 年代
墓葬地点：中央门外迈皋桥吉祥庵村西

凸字形单室券顶墓。墓室长 4.41 米，宽 1.85 米。甬道长 1.95 米，宽 1.13 米。

34 东善桥砖瓦一厂南朝墓

南朝末期
发掘时间：1983 年
墓葬地点：江宁区东善桥砖瓦厂

凸字形单室券顶墓。墓室左右壁基本平直，近南壁处有一对耳室，两对长方形壁龛，龛下设直棂假窗；后壁略弧。墓室长 4.75 米，宽 2.23 米。砖棺床。甬道长 3.15 米，内设一道石门，半圆形门楣，浮雕人字栱。

35 油坊桥 1 号墓葬

南朝早期
发掘时间：1986 年
墓葬地点：雨花台区油坊桥原绝缘材料厂内

长方形单室砖墓。墓室内长 6.45 米，内宽 1.72 米。残毁，结顶不详。

36 油坊桥 2 号墓葬

南朝早期
发掘时间：1986 年
墓葬地点：雨花台区油坊桥原绝缘材料厂内

长方形单室券顶墓。墓室内长 6.4 米，内宽 1.8 米，高 2.3 米。左右后三壁各设凸字形小龛一处，龛下设直棂假窗。

37 油坊桥南朝画像砖墓

南朝
发掘时间：1987 年
墓葬地点：雨花台区西善桥油坊桥村南 2 公里贾家凹

凸字形单室券顶墓，残毁严重，残长 3.4 米，宽 2.7 米，残高 0.12—0.78 米。左右两壁设数道砖柱，后壁设 3 个长方形壁龛。出土各色花草、人物画像砖。

38 邓府山六朝墓（87YDM15）

南朝

发掘时间：1987—1988 年

墓葬地点：雨花台区邓府山

凸字形单室券顶墓。墓室长 4.02 米，宽 1.1 米。甬道 0.68 米，宽 1 米。

39 邓府山六朝墓（87YDM16）

南朝

发掘时间：1987—1988 年

墓葬地点：雨花台区邓府山

长方形单室券顶墓。墓室长 3.73 米，宽 0.92 米。无甬道。

40 邓府山六朝墓（87YDM20）

南朝

发掘时间：1987—1988 年

墓葬地点：雨花台区邓府山

长方形单室券顶墓。墓室长 2.7 米，宽 0.5 米。无甬道。

41 邓府山六朝墓（87YDM28）

南朝

发掘时间：1987—1988 年

墓葬地点：雨花台区邓府山

长方形单室券顶墓。墓室长 3.68 米，宽 0.96 米。无甬道。

42 梁桂阳王萧象墓

大同二年（536）

发掘时间：1988 年

墓葬地点：栖霞区甘家巷北南京炼油厂西刘家塘

凸字形单室券顶墓。墓室左右壁平直，后壁向外弧凸，南壁委角。墓室长 6.48 米，宽 2.96 米，残高 2.28 米。砖棺床上设石棺座。棺床前设石祭台。甬道长 3.14 米，内设一道石门，半圆形门楣，浮雕人字栱。随葬陶俑、陶马。出土桂阳王萧象墓志。

43 西善桥黄法氍墓

南朝·陈

发掘时间：1989 年

墓葬地点：雨花台区西善桥镇砖瓦厂

凸字形单室券顶墓。墓室左右壁略弧，近南壁处有一对耳室，两对直棂假窗；后壁向外弧凸。墓室长 5.5 米，宽 3.15 米，砖棺床上设石棺座，棺床前设祭台。甬道长 3.5 米，宽 1.35 米，高 2.4 米，内设一道石门，半圆形门楣。出土墓志。

44 殷巷南朝墓（91JYM1）

南朝

发掘时间：1991 年

墓葬地点：江宁区殷巷轮窑厂台地

凸字形单室券顶墓。墓室左右壁外弧，后壁向外弧凸，长 4.7 米，最宽处 2.1 米。对称凸字形壁龛，龛下设六格直棂假窗。后壁设桃形龛一个，下亦设六格直棂假窗。砖棺床。

45 西善桥南朝墓

南朝·梁

发掘时间：1991 年

墓葬地点：雨花台区西善桥原第二砖瓦厂

凸字形单室券顶墓。墓室左右壁略弧，残毁严重，后壁平直。墓室长 3.62 米，宽 2.2 米。砖棺床上设石棺座，棺床前设背屏式石祭台。甬道前部毁，残长 1.51 米，内设一道石门，半圆形门楣，门扇上刻有铺首。随葬石俑、石马、镇墓兽。

46 迈皋桥南朝墓

南朝晚期

发掘时间：1992 年

墓葬地点：栖霞区迈皋桥原南京油制气厂工地

凸字形单室券顶墓，残毁严重，残长 4 米，宽 3.1 米，残高 1.9 米。左右两壁有对称的壁龛及直棂假窗，后壁向外弧凸。甬道内设一道石门。左右两壁近券顶处嵌十二生肖画像砖。

47 栖霞区东杨坊南朝墓 （96QDM1）

发掘时间：1996 年

墓葬地点：栖霞区东杨坊，仙鹤山北麓，紧邻 312 国道

凸字形单室券顶墓。墓室左右壁及后壁略外弧，内长 5.02 米，宽 1.96—2.12 米，残高 1.4 米。砖棺床上设双石棺座。棺床前设石祭台。甬道长 2.14 米，宽 1.18 米，中设一道石门，门楣以上残毁。随葬石俑、石马、石镇墓兽。

48 花神庙南朝墓 （96HSM1）

南朝中晚期

发掘时间：1996 年

墓葬地点：雨花台区花神庙村新机场高速公路西侧

凸字形单室券顶墓。墓室左右壁略弧，长 5.48 米，宽 2.36—2.48 米，残高 0.98 米。砖棺床。甬道长 2.32 米，宽 1.28 米，残高 1.2 米，内设一道石门，今仅存石质门槛。随葬碑形石墓志、石俑、石马、石猪及玉人。

49 花神庙南朝墓 （96HSM2）

南朝中晚期

发掘时间：1996 年

墓葬地点：雨花台区花神庙村新机场高速公路西侧

凸字形单室券顶墓，残毁严重，无具体数据。随葬男女石俑及石祭台。

50 富贵山六朝墓 M5 （97FGSM5）

东晋晚期至南朝早期

发掘时间：1997 年

墓葬地点：玄武区富贵山南麓

盗扰严重，仅剩长方形墓圹。墓圹开凿于砂岩层，长 4.6 米，宽 2.15 米。

51 富贵山六朝墓 M6 （97FGSM6）

东晋晚期至南朝早期

发掘时间：1997 年

墓葬地点：玄武区富贵山南麓

凸字形单室券顶墓。墓室长 4.76 米，左右壁与后壁均往外弧凸，宽 2.62—2.74 米。甬道长 1.4 米，宽 1.25 米。砖砌祭台。

52 富贵山六朝墓 M1 （97FGSM1）

南朝中晚期

发掘时间：1997 年

墓葬地点：玄武区富贵山南麓

凸字形单室券顶墓。墓室长 4.21 米，宽 1.2 米。甬道长 0.98 米，宽 1.05 米。砖棺床。

53 富贵山六朝墓 M3 （97FGSM3）

南朝中晚期

发掘时间：1997 年

墓葬地点：玄武区富贵山南麓

长方形双室砖墓，双室东西并列，共隔墙，双券顶。墓室长 3.15 米，宽 0.66 米。

54 白龙山南朝墓

发掘时间：1997 年

墓葬地点：栖霞区马群镇大庄行政村孙庄自然村，白龙山北麓

凸字形单室券顶墓。墓室平面呈椭圆形，内长 7.7 米，宽 3.7 米，左右壁及后壁各设一凸字形壁龛。甬道内长 5 米，宽 1.5 米，残高 1.5—2.6 米，内设一道石门，半圆形门楣，浮雕人字栱。石棺座。

55 油坊桥六朝墓 （98YXYM1）

东晋晚期至南朝早期

发掘时间：1998 年

墓葬地点：雨花台区西善桥油坊桥

凸字形单室券顶墓。墓室长 5.5 米，宽 1.76 米。甬道长 1.2 米，宽 1.1 米。砖棺床。左右壁及后壁外侧丁砖外露，与填土咬合。

56 马家店村南朝墓

发掘时间：1998 年

墓葬地点：雨花台区铁心桥原马家店砖瓦厂

凸字形单室券顶墓。墓室左右壁基本平直，后壁向外弧凸。左右壁设两对桃形壁龛，龛下设直棂假窗。墓室内长 4.97 米，宽 2—2.07 米，高 3.13 米。砖棺床上设石棺座。棺床前设石祭台。甬道内长 2.58 米，内设一道石门，半圆形门楣，浮雕人字栱。随葬石俑、石马、石兽。

57 望江矶南朝墓 （99NYWM1）

南朝中晚期

发掘时间：1999 年

墓葬地点：雨花台区共青团南路望江矶西南麓

凸字形单室券顶墓。墓室长 4.42 米，左右壁略外弧，内宽 0.96—1.02 米。甬道长 0.83 米，宽 0.89 米，高 1.5 米。墓壁设凸字形灯龛和直棂假窗。

58 燕子矶城北水厂南朝墓

南朝

发掘时间：1999 年

墓葬地点：中央门外燕子矶市自来水总公司城北水厂

凸字形单室券顶墓。墓室长 3.2 米，宽 1.4 米，短甬道。

59 尹西村六朝墓 M1

南朝 · 宋

发掘时间：2000 年

墓葬地点：雨花台区铁心桥尹西村

凸字形单室券顶墓。全长 8.7 米，外宽 2.6 米，通高 3.44 米。左右壁各设两个凸字形灯龛，后壁设一龛，龛下均设直棂假窗，甬道中设一道石门，半圆形门楣，上浮雕人字栱。

60 隐龙山南朝墓 （00JSYM1）

南朝 · 宋

发掘时间：2000 年

墓葬地点：江宁区水阁村原隐龙山砖瓦厂

凸字形单室券顶墓。墓室内长 5.64 米，宽 2.36—2.46 米，高 3.66 米。左右两壁各设两对凸字形龛，龛下设直棂假窗。后壁亦设一凸字形龛，龛下设直棂假窗。砖棺床上设双石棺座，棺床前设背屏式石祭台。甬道长 2.8 米，宽 1.3 米，内高 2.19 米，左右两壁设一对凸字形龛。甬道内设一道石门，半圆形门楣，上浮雕人字栱。随葬石俑。

61 隐龙山南朝墓 （00JSYM2）

南朝·宋
发掘时间：2000 年
墓葬地点：江宁区水阁村原隐龙山砖瓦厂

凸字形单室券顶墓。残毁严重。墓室内长 5.38 米，宽 1.96—2.08 米，高 3.22 米。左右两壁各残存一对凸字形龛，龛下设直棂假窗。砖棺床上设双石棺座，棺床前设背屏式石祭台。甬道长 2.44 米，宽 1.26 米，内高 2.24 米，内设一道石门，半圆形门楣，上浮雕人字拱。随葬石俑。

62 隐龙山南朝墓 （00JSYM3）

南朝·宋
发掘时间：2000 年
墓葬地点：江宁区水阁村原隐龙山砖瓦厂

凸字形单室券顶墓。残毁严重。墓室内长 5.38 米，宽 2—2.26 米，高 2.94 米。左右两壁各残存一对凸字形龛，龛下设直棂假窗。砖棺床上设单石棺座，棺床前设背屏式石祭台。甬道长 2.42 米，宽 1.28 米，内高 1.95 米，内设一道石门，半圆形门楣，上浮雕人字拱。随葬石俑。

63 江宁胜太路南朝墓 （00JSM1）

南朝晚期
发掘时间：2000 年
墓葬地点：江宁区胜太路

凸字形单室券顶墓。墓室左右壁略外弧，残存直棂假窗，后壁向外弧凸，长 4.76 米，宽 2.06 米。砖棺床，原有石祭台，现仅存案足。甬道长 2.18 米，宽 1.2 米，残高 0.8 米，内设一道石门，现仅存门框。随葬石俑、石兽。

64 南京理工大学南朝墓 （02NLDM1）

南朝晚期
发掘时间：2001—2002 年
墓葬地点：中山门外南京理工大学校园内东山山坡

长方形双室并列券顶墓。墓室长 3.45 米，左室宽 0.8 米，右室宽 0.82 米，高 1.18 米。两墓室之间砌有隔墙，隔墙前部距地表 1 米处开有 20 厘米见方的方孔。

65 景家村六朝墓 M11

南朝中晚期

发掘时间：2003 年

墓葬地点：雨花台区景家村

凸字形单室券顶墓。左右两壁平直，后壁向外弧凸。墓室长 5.2 米，宽 2.04 米。甬道长 3.1 米，宽 1.3 米，中部有一道宽 24 厘米的沟槽。砖棺床。石墓志，漫漶不可读。

66 景家村六朝墓 M13

南朝早期

发掘时间：2003 年

墓葬地点：雨花台区景家村

凸字形单室券顶墓。墓室四壁平直，内长 4.6 米，宽 2.02 米。甬道长 2.4 米，宽 1.25 米。砖棺床。石墓志，漫漶不可读。

67 景家村六朝墓 M14

南朝早期

发掘时间：2003 年

墓葬地点：雨花台区景家村

凸字形单室券顶墓，残毁严重。墓室内残长 3.04 米，宽 2.04 米。甬道残长 1 米，宽 1.27 米。

68 景家村六朝墓 M15

南朝早期

发掘时间：2003 年

墓葬地点：雨花台区景家村

凸字形单室券顶墓。墓室内长 4.91 米，宽 2.02 米。甬道长 2.4 米，宽 1.27 米。砖棺床。

69 雨花台南朝画像砖墓（2006NYHM84）

南朝晚期

发掘时间：2006 年

墓葬地点：雨花台区华为软件基地

凸字形单室券顶墓。墓室左右壁平直，后壁略弧，与左右壁之间呈委角。内长 5.14 米，宽 2.14 米，残高 0.98 米。砖棺床。甬道内长 2.22 米，宽 1.32 米，残高 1.24 米。墓壁嵌出行图、宝瓶莲花、神兽等画像砖，桃形壁龛。

70 江宁胡村南朝墓（06JNHM1）

南朝晚期

发掘时间：2006 年

墓葬地点：江宁区江宁镇陈塘轮窑厂取土现场

凸字形单室券顶墓。墓室左右后三壁平直，内长 4.96 米，宽 2.24 米，高 2.62 米。砖棺床。后壁用砖砌成双塔形状。甬道长 1.84 米，宽 1.56 米，残高 1.66 米。内设一道石门，半圆形门楣，风化严重。随葬石俑、石猪。

71 梁故侍中中书令吴郡太守墓（08NQXLM2）

南朝·梁

发掘时间：2008 年

墓葬地点：栖霞区仙林灵山

凸字形单室券顶墓。墓室左右壁略外弧，后壁向外弧凸。内长 5.8 米，宽 2.75—2.9 米，残高 2.5 米。砖棺床上设双石棺座。棺床前设石祭台。甬道长 3.14 米，宽 1.4 米。随葬陶俑。

72 警犬研究所六朝墓（2010NYJM1）

南朝中晚期

发掘时间：2010 年

墓葬地点：雨花台区小行路警犬研究所内

长方形单室券顶墓。墓室内长 3.5 米，内宽 0.82—0.9 米，内高 1.54 米。左右两壁及后壁均设纵长方形灯龛。甬道长 0.95 米，内宽 0.8 米，与墓室几乎同宽，内高 1.3 米。砖棺床。封土外砌砖祭台。

73 警犬研究所六朝墓 （2010NYJM2）

南朝中晚期

发掘时间：2010 年

墓葬地点：雨花台区小行路警犬研究所内

长方形单室券顶墓。墓室内长 3.2 米，内宽 0.82 米。砖棺床。左右两壁及后壁均设纵长方形小龛。

74 南京卫校晓庄校区六朝墓 （2008NQWM1）

南朝早期

发掘时间：2008 年

墓葬地点：栖霞区晓庄广场西北侧、行知园南侧

凸字形单室券顶墓。墓室左右两壁略弧，左右后三壁设凸字形壁龛，龛下设直棂假窗。墓室内长 4.3 米，内宽 1.68—1.8 米，高 2.48 米。砖棺床，砖祭台。甬道长 1.56 米，宽 1.06 米，高 2.48 米。

75 西善桥六朝墓 （2010NYJM23）

东晋晚期至南朝早期

发掘时间：2010 年

墓葬地点：雨花台区西善桥街道贾东一二组地块

凸字形单室券顶墓。墓室四壁平直，左右壁后部设凸字形壁龛。墓室内长 4.4 米，宽 1.8 米，高 2.38—2.44 米。砖棺床，砖祭台。甬道长 1.46 米，宽 0.9 米，内高 1.72 米。

76 西善桥六朝墓 （2010NYJM24）

东晋晚期至南朝早期

发掘时间：2010 年

墓葬地点：雨花台区西善桥街道贾东一二组地块

凸字形单室券顶墓。墓室四壁平直，内长 4.76 米，宽 1.84 米。砖棺床。甬道长 1.85 米，宽 0.96 米。

77 栖霞升明二年墓 （2010NQYM1）

南朝・宋

发掘时间：2010 年

墓葬地点：栖霞区金尧路北、公园东路东，新尧新城“中学用地”

凸字形单室券顶墓。墓室四壁平直，左右壁后部设一对凸字形壁龛，龛下设直棂假窗。墓室内长 4.92 米，宽 2.1 米。砖棺床。甬道长 2.35 米，宽 1.36 米。出土升明二年（478）铭文砖。

78 华为南京基地 36 号墓 （2006NYHM36）

南朝早期

发掘时间：2006 年

墓葬地点：雨花台区华为南京基地

凸字形单室券顶墓。墓室四壁平直，内长 4.94 米，宽 1.9 米，残高 1.7 米。砖棺床。甬道长 2.5 米，宽 1.16 米，残高 1 米。

79 江宁上坊中下村南朝墓 （2007NJSM6）

南朝中晚期

发掘时间：2007 年

墓葬地点：江宁区上坊镇中下村江宁科学园

凸字形单室券顶墓。墓室左右壁略外弧，后壁向外弧凸。左右壁设两对凸字形壁龛，龛下设直棂假窗；后壁设一凸字形壁龛与直棂假窗。墓室内长 4 米，宽 1.66—1.76 米，残高 1.6 米。砖棺床。甬道长 1.2 米，宽 0.98 米，残高 0.86 米。

80 板桥钟家岗南朝墓 （2013NYBM7）

南朝早期

发掘时间：2013 年

墓葬地点：雨花台区板桥街道钟家岗村南部市场群建设工地

长方形单室券顶墓。墓室四壁平直，内长 3.6 米，宽 1.2 米，残高 1.6 米。左右壁设凸字形壁龛，后壁设长方形壁龛。砖祭台。

81 板桥钟家岗南朝墓 （2013NYBM8）

南朝早期

发掘时间：2013 年

墓葬地点：雨花台区板桥街道钟家岗村南部市场群建设工地

长方形单室券顶墓。墓室四壁平直，长 3.86 米，宽 1.26 米，残高 1.56 米。左右壁设凸字形壁龛，后壁设长方形壁龛。砖祭台。

82 板桥钟家岗南朝墓 （2013NYBM9）

南朝早期

发掘时间：2013 年

墓葬地点：雨花台区板桥街道钟家岗村南部市场群建设工地

长方形单室券顶墓。墓室四壁平直，长 3.56 米，宽 1.2 米，残高 1.45 米。左右壁设凸字形壁龛，后壁设长方形壁龛。砖祭台。

83 板桥钟家岗南朝墓 （2013NYBM10）

南朝早期

发掘时间：2013 年

墓葬地点：雨花台区板桥街道钟家岗村南部市场群建设工地

长方形单室券顶墓。墓室四壁平直，长 4.4 米，宽 1.5 米。砖祭台。

84 板桥钟家岗南朝墓 （2013NYBM11）

南朝早期

发掘时间：2013 年

墓葬地点：雨花台区板桥街道钟家岗村南部市场群建设工地

长方形单室券顶墓。墓室四壁平直，长 3.7 米，宽 1.22 米，残高 1.1 米。砖祭台。

85 板桥钟家岗南朝墓 （2013NYBM12）

南朝早期

发掘时间：2013 年

墓葬地点：雨花台区板桥街道钟家岗村南部市场群建设工地

长方形单室券顶墓。墓室四壁平直，长 3.8 米，宽 1.32 米。砖祭台。

86 石子冈南朝墓 M5

南朝晚期

发掘时间：2010 年

墓葬地点：雨花台区石子冈雨花软件园 A1 地块

凸字形单室券顶墓。墓壁基本平直，残存桃形壁龛与直棂假窗。墓室内长 5.14 米，宽 1.92—2 米。砖棺床。甬道长 2.55 米，内宽 1.24 米。墓砖中夹杂大量竹林七贤与荣启期壁画砖，但未按设计拼砌。随葬陶俑、陶马、陶镇墓兽。

87 铁心桥小村南朝墓 （2012NYXM1）

南朝晚期

发掘时间：2012 年

墓葬地点：雨花台区铁心桥小村

凸字形单室券顶墓，后半部残毁。墓壁基本平直。墓室残长 3.9 米，宽 1.8 米，残高 1.9—2.1 米。砖棺床。甬道长 2.7 米，宽 1.3 米，残高 0.6—1.9 米，内设一道石门，半圆形门楣，浮雕人字栱。墓砖中夹杂部分竹林七贤与荣启期及龙虎等壁画砖。

88 铁心桥小村南朝墓 （2012NYXM2）

南朝晚期

发掘时间：2012 年

墓葬地点：雨花台区铁心桥小村

凸字形单室券顶墓。墓壁前后壁平直，左右壁略弧。墓室内长 5.74 米，外宽 3.02 米，残高 1.08 米。砖棺床。甬道长 2.96 米，宽 1.24 米。

89 狮子冲 1 号大墓 （2013NQSM1）

昭明太子安陵

中大通三年（531）

发掘时间：2013 年

墓葬地点：栖霞区新合村狮子冲

凸字形单室砖墓，结顶不详。墓圹与砖室之间设约 20 道放射性短墙。墓室平面呈椭圆形，内长 8.2 米，近后壁处宽 4.64 米，中部宽 4.88 米，近甬道处宽 3.04 米。左右壁饰竹林七贤与荣启期、羽人戏龙、羽人戏虎等砖印壁画。甬道长 5.4 米，宽 1.6 米，内设两道石门，半圆形门楣，浮雕人字栱，线刻瑞兽、花卉等图案。

90 狮子冲 2 号大墓 （2013NQSM2）

丁贵嫔宁陵
普通七年（526）
发掘时间：2013 年
墓葬地点：栖霞区新合村狮子冲

凸字形单室砖墓，结顶不详。墓圹与砖室之间设约 17 道放射性短墙。墓室平面呈椭圆形，内长 8.4 米，近后壁处宽 4.6 米，中部宽 5 米，近甬道处宽 3.08 米。左右壁饰竹林七贤与荣启期、羽人戏龙、羽人戏虎等砖印壁画。甬道长 5.4 米，宽 1.64 米，内设两道石门，半圆形门楣，浮雕人字栱，线刻瑞兽、花卉等图案。

本表由张学锋据公开发表资料（截至 2016 年）整理而成，资料来源如下：

01—73　南京市博物馆编著：《南京考古资料汇编》第二、三册，南京：凤凰出版社，2013 年。

74—77　南京市博物馆编著：《南京文物考古新发现》（第三辑），北京：文物出版社，2014 年。

78—85　南京市博物总馆、南京市考古研究所编：《南京文物考古新发现》（第四辑），北京：文物出版社，2016 年。

86　南京市博物馆、南京市雨花台区文化局：《南京雨花台石子冈南朝砖印壁画墓》，《文物》2014 年第 5 期。

87—88　南京市博物馆：《南京市雨花台区铁心桥小村南朝墓发掘简报》，《东南文化》2015 年第 2 期。

89—90　南京市考古研究所：《南京栖霞狮子冲南朝大墓发掘简报》，《东南文化》2015 年第 4 期。

附录

南朝世系表

刘宋世系表

(420 年—479 年)

* 为陵墓可考见

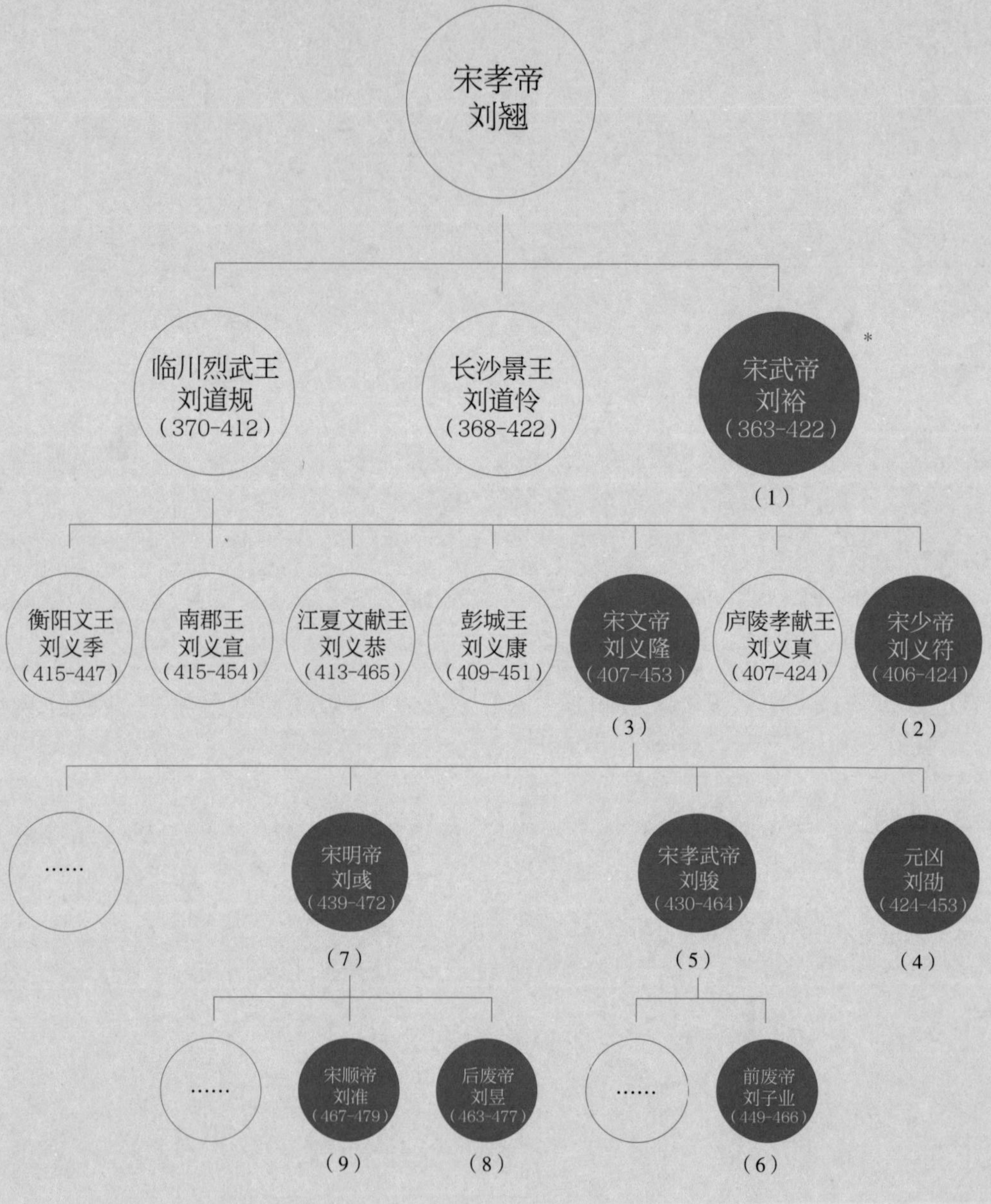

萧齐世系表

(479 年—502 年)

* 为陵墓可考见

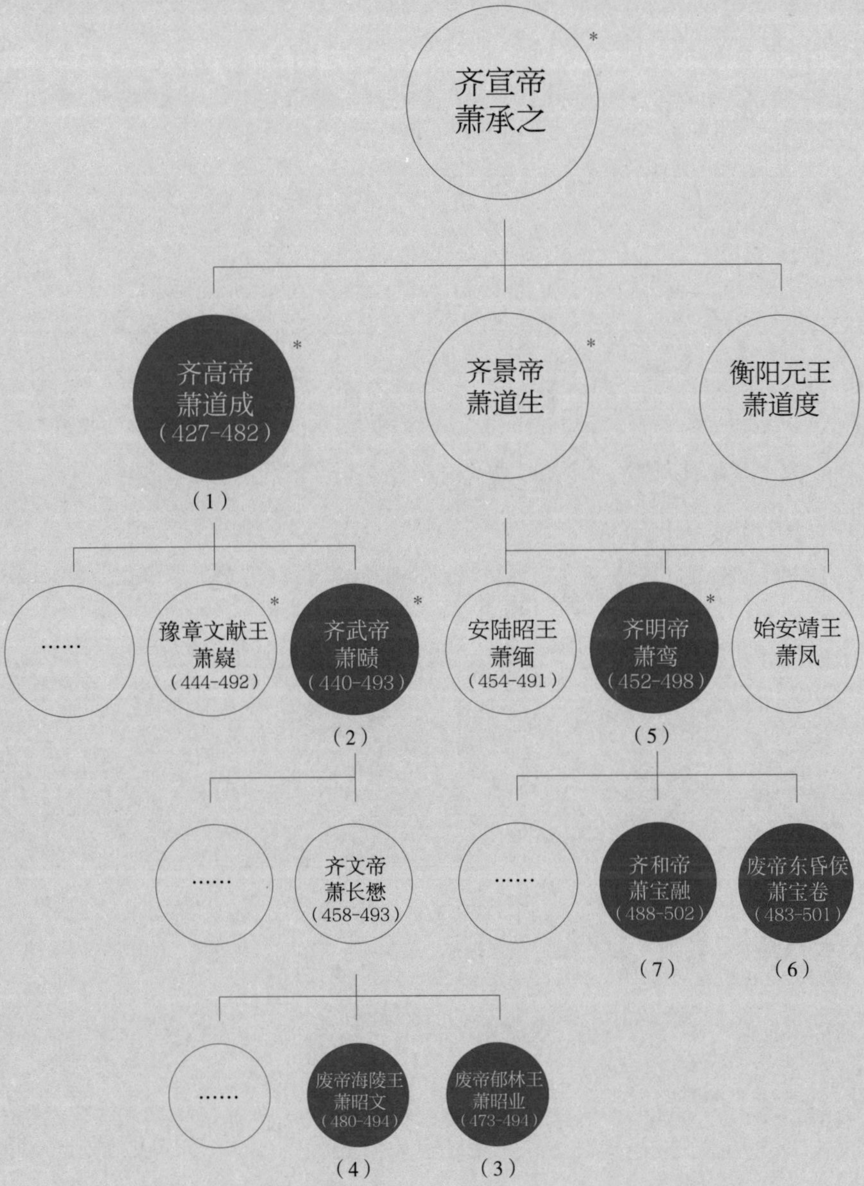

萧梁世系表

(502 年—557 年)

* 为陵墓可考见

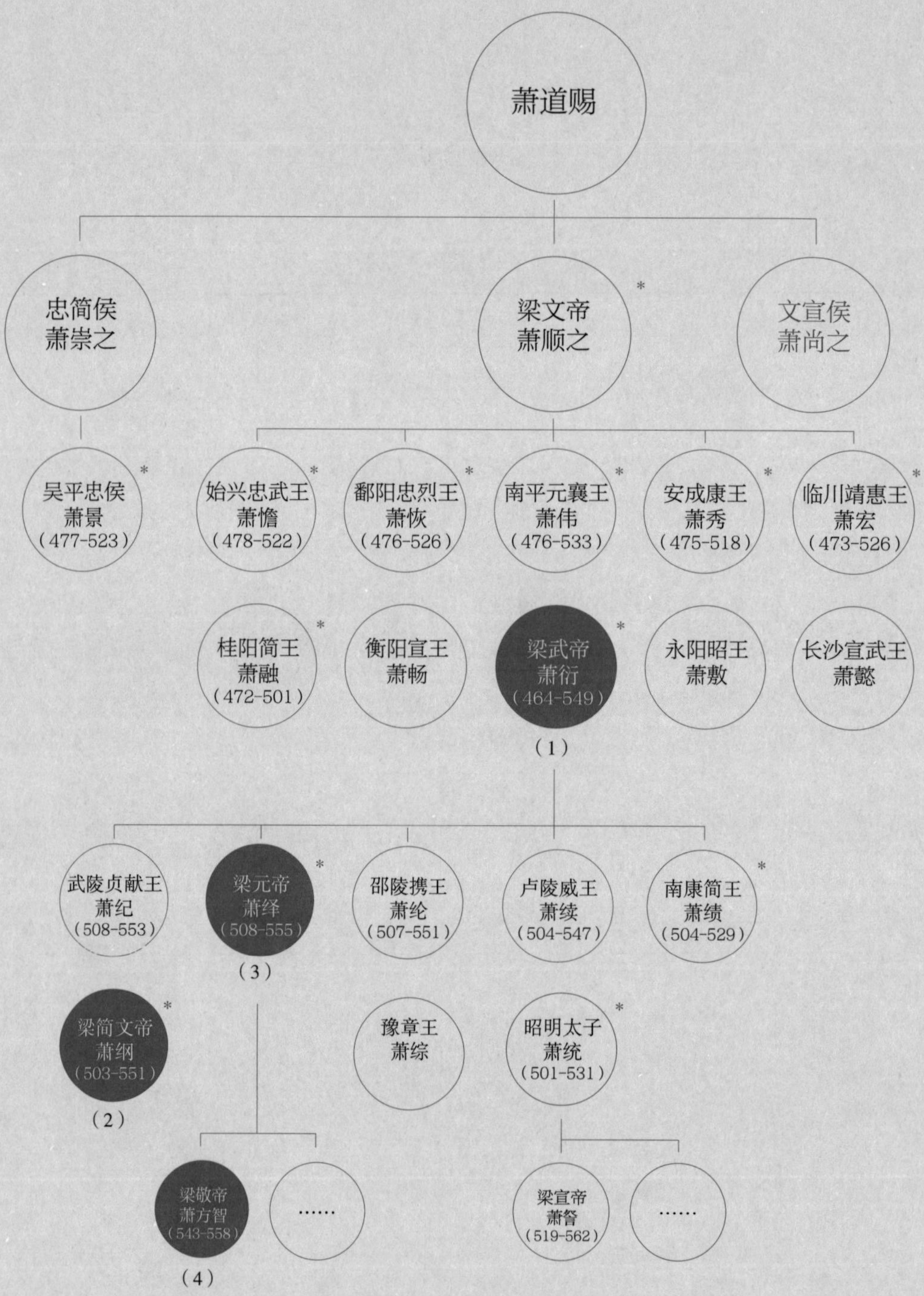

南陈世系表

(557 年—589 年)

* 为陵墓可考见

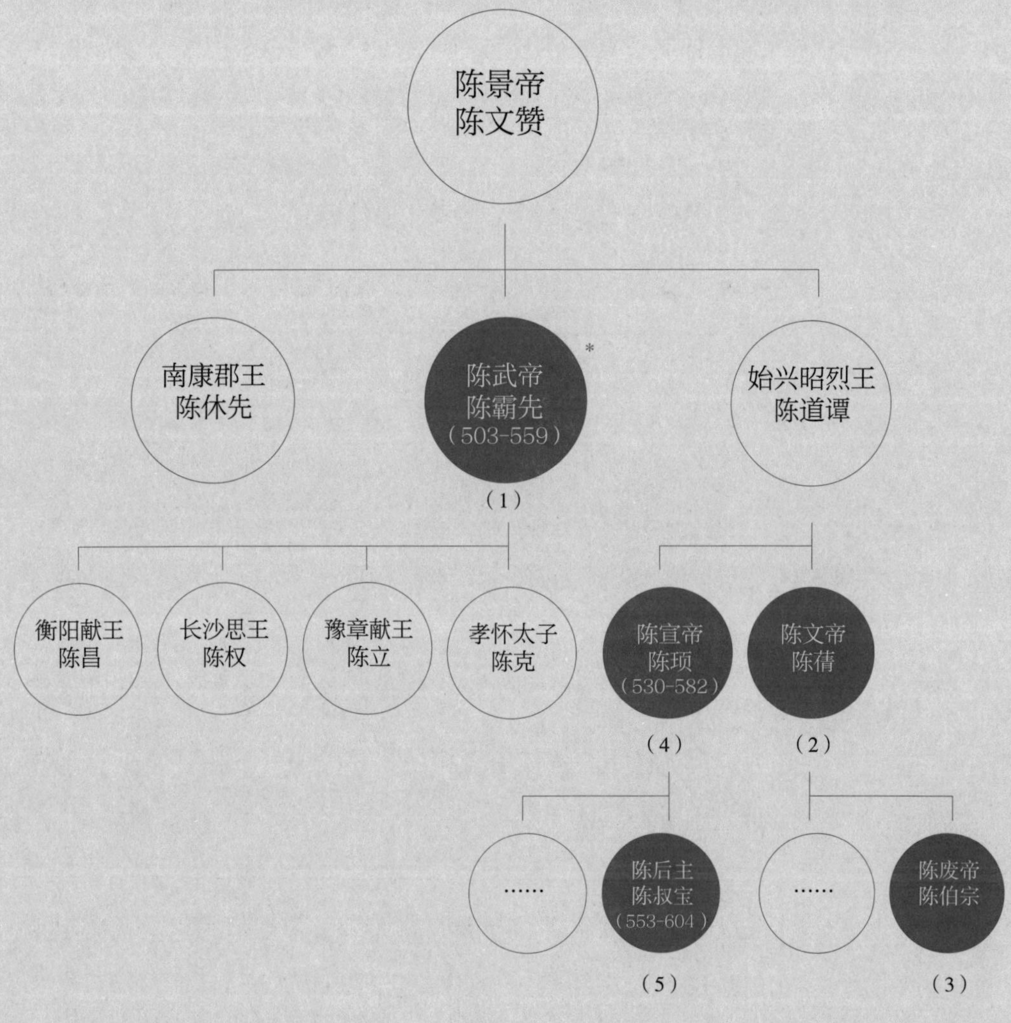

后　记

本书的出版源于2019年秋天的一个展览。当时艺术学院尚莲霞副教授申请了国家艺术基金支持的“南朝石刻的临摹写生与传统雕塑的保护人才培养项目”，项目结项时，尚老师希望学员们的结业作品能够在南京大学展览。恰在此时，博物馆正在整理馆藏南京地区的碑帖拓片，于是我提议把南朝时期的碑帖与学员们创作的有关南朝石刻的雕塑作品放在一起展陈，这个建议得到大家的认可。经过不到一个月的紧张筹备，“南朝气韵——南京大学藏六朝碑帖展暨南朝石刻的临摹写生与传统雕塑的保护人才培养项目作品汇报展”于2019年11月13日在南京大学美术馆拉开了帷幕。

在展览碑帖的选择上，我们并不局限于六朝时期的石刻拓片，而是更注重石刻文献发展的连贯性与系统性。我们以记载汉代溧阳长潘乾为地方办学功绩的校官碑作为第一件展品——它是南京乃至江苏地区发现的最早碑刻，也是唯一一块汉碑。南朝时期，我们甄选了陵墓石刻15件、墓砖1件、井栏1件、造像记2件、造像碑1件、摩崖石刻2件、纪功碑3件。这些碑石除《瘞鹤铭》在镇江外，其他均分布在南京地区。此外，清中后期在云南发现的爨宝子碑、爨龙颜碑，分别刻于东晋太亨四年即义熙元年（405）和南朝宋代大明二年（458），二碑虽不在京畿之地，但无论书写内容还是书法风格，都是研究当时历史文化的重要文献，可以看作南朝文化在遥远的西南边陲的影响或余波。位于南京栖霞山的著名唐碑明征君碑，记录的是南朝宋齐时期的“征君”明僧绍的事迹，书碑者高正臣善王羲之书体，书法“风骨凝重，精光闪含”，用此碑作为展览的收尾，甚为合适。

虽然经历了一千多年风雨侵蚀以及战乱的破坏，但在南京及周边地区仍然保留了不少类型丰富、形式多样的六朝遗物遗存，包括望柱华表、麒麟辟邪、龟趺、巨碑等。我们请摄影师专门拍摄了石刻现场的最新照片，这些文物图片与拓片一起，成为阅读六朝历史、感受六朝文化最好的实物资料。

为了让观众读懂碑帖，深入了解碑帖背后的故事，我们除了对所有拓片作说明和释文外，特别邀请了南京大学程章灿、张学锋两位教授进行现场导览讲解。程章灿教授在魏晋南北朝文学以及石刻文字研究领域造诣精深，张学锋教授深耕汉魏六朝考古，既有发掘实践，亦有研究成果。虽然是导览，但两位教授都进行了认真细致的准备，观众反响热烈，认为“听君一席话，胜读十年书”。当时，童岭教授正在文学院开设“中国古代文学”（魏晋南北朝隋唐部分）课程，我们建议他把其中一次课搬到展厅来，以公开课的形式让更多的人在被纸墨斑驳的碑拓和栩栩如生的雕塑所环绕的展厅内，聆听历史与文学，感悟那逝去已久的岁月。公开课同样受到众多学生的追捧。

因为档期的原因，“南朝气韵——南京大学藏六朝碑帖展暨南朝石刻的临摹写生与传统雕塑的保护人才培养项目作品汇报展”仅仅展出了 10 天。展览落幕后，大家深感意犹未尽。毕竟如此系统梳理、展示南朝石刻拓片的活动，尚属首次。为了向更多人呈现本次展览的内容，为学术界提供珍贵的研究资源，在南京大学社会科学处的大力支持下，南京大学博物馆同仁精心整理了展览资料，同时程章灿、张学锋、童岭三位教授又提供了各自关于六朝历史文化的代表作，供我们结集成册，交由凤凰出版社付梓出版。在此，对所有为本书顺利出版付出心血和努力的领导、专家、同事表示衷心感谢！还要感谢凤凰出版社的同仁，特别是倪培翔社长、林日波副总编和张永堃编辑，他们的慧眼识珠，是本书得以出版的重要原因。

需要说明的是：本书书名沿用展览名称“南朝气韵”，这一名称是中国美术馆馆长、南京大学教授吴为山先生所题，他认为南朝石刻具有气贯长虹的生动气韵。书中收录的碑帖，均为南京大学的前身中央大学和金陵大学的旧藏，应是晚清和民国时期所拓。由于实物缺失，拓片著录信息不完整，某些展品真伪或有争议，但是我们仍然决定客观保留原始材料，以供学术界探讨与研究。

由于本人学识有限，本书内容选择、著录方式或有不当，说明文字、碑帖释文或有错误，编排体例、装帧形式或有缺陷，敬希读者指正！

南京大学博物馆　史　梅

展览筹备委员会

总 策 划：史 梅

总 执 行：李 文 聂 娜 魏美强

展览主办：南京大学博物馆 南京大学雕塑艺术研究所

展览支持：南京大学艺术学院 南京大学双创办（鼓楼）文创基地

南京大学社科处 南京大学图书馆

南京大学历史学院 南京大学文学院 吴为山

展品管理：李 文 周 帅

展览事务：郑丽颖 徐 琳

内容设计：魏美强 李 文 聂 娜 周 帅

形式设计：李 岩

展品摄影：马音宁

石刻摄影：魏宜辉 王 腾 邵世海 谈佳璇 周大伟

微信导览：马音宁

宣传推广：陈 腾 周骏雅